Israel Knohl
Der vergessene Messias

Israel Knohl

Der vergessene Messias

Der Mann, der Jesu Vorbild war

Aus dem Amerikanischen
von Ulrich Enderwitz

Ullstein

Für meine Frau Rivka
und für unsere Kinder Shay, Tal und Or

Inhalt

Vorwort

»Knohl ist ein einsamer Kämpfer, der gegen den Strom einer hundert Jahre während en wissenschaftlichen Tradition schwimmt.«[1] Mit diesen Worten hat ein Gelehrter meine Beschäftigung mit priesterlicher Literatur charakterisiert, der sich mein erstes Buch, *The Sanctuary of Silence*, verdankt. Darin stellte ich eine Theorie über den Aufbau des Pentateuch, die mehr als ein Jahrhundert lang die vorherrschende Doktrin unter den Bibelgelehrten war, infrage. Heute, zehn Jahre später, sehe ich mich in einer ähnlichen Situation. In dem vorliegenden Buch ziehe ich eine Lehrmeinung in Zweifel, die über Generationen die Neutestamentarische Wissenschaft beherrscht hat. Auch meine persönlichen Empfindungen ähneln denen von vor zehn Jahren: Einerseits von Skrupeln heimgesucht, verspüre ich andererseits ein starkes Bedürfnis, die Wahrheit oder das, was ich dafür halte, offen zu legen.

Der entscheidende Unterschied liegt darin, dass dieses Mal das Thema ein hohes Maß an öffentlicher Aufmerksamkeit finden wird. Mein erstes Buch behandelte Fragen, die hauptsächlich für die Wissenschaft von Interesse waren; deshalb bediente ich mich damals einer akademischen Darstellungsform, wie sie einer Schrift, die sich an Fachkollegen wendet, angemessen ist. Das vorliegende Werk hingegen betrifft die messianische Figur Jesu und dürfte damit zahlreiche Menschen überall auf der Erde interessieren.

Aus diesem Grund habe ich mich entschieden, das Buch so abzufassen, dass es für die breite Öffentlichkeit lesbar und verständlich ist. Das machte erforderlich, den Text so einfach wie möglich zu halten. Ausführungen zu den komplizierteren textkritischen und historischen Fragen wurden deshalb in die Anmerkungen und Anhänge verbannt. Um den Leser auf die Atmosphäre der Epoche, von der das Buch handelt, einzustimmen, stelle ich eine erdichtete Passage an den Anfang, in der ich einen Tag im Leben des Messias schildere. Ich hoffe, dass auch Fachkollegen dieser Beschreibung etwas abgewinnen können und sie mit nicht allzu großer akademischer Strenge beurteilen werden.

Schließlich möchte ich noch ein paar Worte zu den Schriftrollen vom Toten Meer sagen, auf die sich das Hauptargument des Buches stützt. In jüngerer Zeit sind Vorwürfe laut geworden, die Veröffentlichung der Schriftrollen werde bewusst verzögert, weil der Vatikan und andere Kreise entsprechenden Druck ausübten. Der Vatikan, so wird argumentiert, wünsche die Herausgabe einiger Teile der Schriftrollen zu verschleppen, weil er fürchte, das enthaltene Material könne der Überzeugung von der Einzigartigkeit der Gestalt Jesu abträglich sein. Oberflächlich betrachtet, scheint mein Buch dieser befürchteten Entwicklung Vorschub zu leisten, denn auf der Basis einiger Fragmente, die in den letzten Jahren veröffentlicht wurden, versuche ich zu zeigen, dass Jesus als Erbe und Nachfolger des Messias angesehen wurde, über den die Schriftrollen vom Toten Meer berichten. Ich möchte deshalb nachdrücklich klarstellen, dass ich den Vorwurf einer bewussten Verzögerung bei der Veröffentlichung der Schriftrollen für ungerechtfertigt halte. Ich war persönlich an der Herausgabe mehrerer Fragmente der Schriftrollen beteiligt und weiß deshalb, wie viel akribische Arbeit eine seriöse Veröffentlichung jedes einzelnen Fragments erfordert.

Für die Gelehrten, die an der Veröffentlichung der Fragmente, die in diesem Buch diskutiert werden, beteiligt waren, hege ich alle Hochachtung; zu nennen sind hier M. Baillet, J. J. Collins, D. Dimant, E. Eshel, J. T. Milik, E. Puech und E. Schuller. Selbst wenn ich manchmal anderer Meinung bin als sie, weiß ich doch sehr wohl, dass ich ohne die textliche Grundlage, die sie mir mit Sachverstand lieferten, dieses Buch nie hätte schreiben können.

Mit den Forschungen für dieses Buch begann ich im März 1997. Mein erster Artikel zu dem Thema erschien am 10. Juni 1997 in der hebräischsprachigen Tageszeitung *Ha'aretz*. Ich hielt auch einen Vortrag über den »Messias von Qumran« auf dem Internationalen Kongress über die Schriftrollen vom Toten Meer, der im Sommer 1997 in Jerusalem stattfand. Mir war damals nicht bekannt, dass ein anderer Wissenschaftler, Michael O. Wise, an einem ähnlichen Thema arbeitete. Sein Buch, *The First Messiah,* erschien im Jahr 1999. Der Leser wird indes unschwer erkennen, dass wir ungeachtet der äußerlichen Ähnlichkeit des Themas völlig verschiedene Thesen vertreten, da wir uns mit unterschiedlichen messianischen Figuren beschäftigen, die zu verschiedenen Zeiten lebten.

Bei meiner Suche nach dem historischen Messias der Schriftrollen vom Toten Meer haben mich Freunde ermutigt und unterstützt. Während der Niederschrift des Buches standen mir Professor Moshe Idel und Dr. Shlomo Naeh, meine Kollegen am Institut für Judaistik der Hebräischen Universität und am Shalom-Hartman-Institut, mit gutem Rat zur Seite.

Professor Emmanuel Tow, mein Kollege am Seminar für Bibelforschung der Hebräischen Universität und Chefherausgeber des Projekts für die Publikation der Schriftrollen von Qumran, hat das Manuskript sorgfältig gelesen und mir ebenso wertvolle wie ausführliche Anregungen geliefert. David Maisel fertigte eine sachkundige und gewissenhafte Übersetzung des hebräischen Textes ins Englische an. Doug Abrams Arava, Scott Norton und Malcolm Reed, meine Lektoren im Verlag University of California Press, waren mir bei der Herstellung einer für die breite Öffentlichkeit geeigneten Buchversion eine große Hilfe. Carolyn Bond machte das Manuskript mit großer Sorgfalt und Sachkenntnis druckfertig; sie leistete ausgezeichnete Arbeit. Das Shalom-Hartman-Institut und sein Leiter, Professor David Hartman, boten mir hervorragende Arbeitsbedingungen. All den genannten Personen schulde ich tief empfundenen Dank.

Schließlich möchte ich meiner Frau Rivka danken. Ohne ihren Beistand und Zuspruch hätte dieses Buch niemals zu Stande kommen können.

Israel Knohl
Seminar für Bibelforschung
Hebräische Universität
Jerusalem

Einleitung

Wer das Christentum und seine Beziehung zum Judentum verstehen will, muss die ebenso schwierige wie grundlegende Frage beantworten, in welchem jüdischen Kontext die messianische Karriere Jesu stand. Als die Schriftrollen vom Toten Meer entdeckt wurden, war man allgemein guter Hoffnung, in ihnen die lange vergeblich gesuchte Antwort zu finden. Diese Hoffnung hat sich nicht erfüllt. Zwar hat man in den Schriftrollen vom Toten Meer sprachliche Parallelen zum Neuen Testament festgestellt, eine direkte Verbindung zu Jesus aber wurde bislang nicht gefunden. Und genau diese Verbindung glaube ich nunmehr nachweisen zu können.

Das Wesen des in Jesus verkörperten Messianismus, wie ihn das Neue Testament beschreibt, blieb fast zwei Jahrtausende lang ein Rätsel. Den Synoptischen Evangelien gemäß bezeichnete sich Jesus nie selbst als den Messias.[1] Mehr noch wollte er, als andere ihn den Messias nannten, die Tatsache geheim gehalten wissen.[2] Seiner Darstellung in den Evangelien zufolge sagte Jesus wiederholt voraus, dass »des Menschen Sohn«[3] auf Ablehnung stoßen, den Tod finden und auferstehen werde, aber in der Ichform sprach er in diesem Zusammenhang nie. Im Johannesevangelium und in den Schriften des Paulus erscheint Jesus als ein Messias göttlichen Charakters, durch den die Welt Erlösung und Sündenvergebung erlangt. Der Jesus der Synoptischen Evangelien dagegen ist eine menschliche Gestalt, die sich durch ihre Wundertaten auszeichnet.

Wie können wir das Rätsel um die Person und um das messianische Selbstverständnis Jesu lösen? Hielt er sich für den Messias? Wenn ja, warum sagte er das nicht offen, warum verbot er seinen Jüngern, seine messianische Identität in der Öffentlichkeit bekannt zu machen, mit dem Ergebnis eines »messianischen Geheimnisses«? Sah Jesus wirklich seine Passion, seinen Tod und seine Auferstehung voraus? Wenn ja, warum bezeichnete er sich dann nicht direkt, sondern nur indirekt als »Menschensohn«? Hielt sich Jesus für einen göttlichen Erlöser? Wenn ja, warum lesen wir dann nichts davon in den Synoptischen Evangelien?

Seit über einem Jahrhundert sucht die Neutestamentarische Wissenschaft diese Schwierigkeiten in der Hauptsache dadurch zu lösen, dass sie dem Anspruch Jesu auf die Rolle des Messias die historische Realität bestreitet.[4] Die Vertreter dieses Standpunkts behaupten, Jesus habe sich überhaupt nicht als Messias betrachtet und sei erst nach seinem Tod von seinen Jüngern dazu erklärt worden.[5] Jesus könne, so sagen sie, seine Verwerfung, seinen Tod und seine Auferstehung gar nicht vorhergesehen haben, da »das Judentum die Vorstellung eines leidenden, sterbenden und auferstehenden Messias nicht kannte«.[6] Dieser Ansicht zufolge entbehren also die Berichte, Jesus habe seine Verwerfung, seinen Tod und seine Auferstehung vorausgesagt, jeglicher historischen Grundlage.[7] All das sei ihm erst nach seinem Tod zugeschrieben worden.[8]

Mit dem vorliegenden Buch möchte ich diesen Behauptungen entgegentreten. Ich möchte nachweisen, dass Jesus sich tatsächlich für den Messias hielt und wirklich damit rechnete, dass er auf Ablehnung stoßen, getötet werden und nach drei Tagen auferstehen würde, weil nämlich genau dies offenbar einem messianischen Führer widerfahren war, der eine Generation vor Jesus gelebt hatte.

In bestimmten Hymnen, die sich in den Schriftrollen vom Toten Meer finden und die kürzlich veröffentlicht wurden, sah sich dieser frühere Messias, umgeben von Engeln, auf einem himmlischen Thron sitzen. Er betrachtete sich als »leidenden Knecht«, mit dem ein neues Zeitalter begann, das Erlösung und Entsühnung brachte und frei war von Sünde oder Schuld. Diese kühnen Ideen hatten zur Folge, dass er von den pharisäischen Schriftgelehrten unter Hillels Führung abgelehnt und aus der Schar der Gläubigen ausgestoßen wurde.

Dieser Messias wurde schließlich in Jerusalem umgebracht, und sein Leichnam lag drei Tage lang unbestattet auf der Gasse. Seinen Jüngern zufolge war er nach drei Tagen auferstanden und in den Himmel hinaufgestiegen. Dass der Messias gedemütigt, abgelehnt und getötet worden war, führte bei seinen Anhängern zu einer Glaubenskrise; um mit ihr fertig zu werden, suchten sie nach Stellen in der Bibel, die sich im Sinne einer Voraussage der Erniedrigung und Tötung des Messias verstehen ließen. Zum ersten Mal in der Geschichte des Judentums entstand somit die Vorstellung von einem »katastrophischen« Messianismus, für den die Erniedrigung, Ablehnung und Tötung des Messias unabdingbare Bestandteile des Erlösungsvorgangs waren.

Die Hauptfigur unseres Buches, dieser ums Leben gebrachte Messias, stellt das bislang fehlende Glied in der Erklärung dar, wie das Christentum aus dem Judentum hervorging. Jesus kam ungefähr zur gleichen Zeit zur Welt, als dieser Messias starb. Die messianische Persönlichkeit Jesu gewinnt an Profil, wenn man sie in Bezug zum Leben und Sterben

15

dieses messianischen Vorgängers setzt. Eine Rekonstruktion der Geschichte des ermordeten Messias erlaubt uns erstmals, den historischen Hintergrund nachzuzeichnen, vor dem das messianische Bewusstsein steht, das Jesus im Neuen Testament an den Tag legt. Wir können nun den Kampf ermessen, der in der Seele Jesu tobte: das Ringen zwischen seinem natürlichen Verlangen weiterzuleben und der Berufung zum Scheitern, zum Leiden und zum Tod, die ihm sein Vorgänger, der »leidende Knecht« der Schriftrollen vom Toten Meer, vermacht hatte.

1. Das messianische Geheimnis

Ein Tag im Leben des Messias

Zeit: Ein Tag im Januar des Jahres 18 v. Chr.
Ort: Jerusalem, Palast des Herodes im Westteil der Oberstadt,[1] sowie das Jerusalemer Essener-Viertel südlich des Palasts.[2]
Der Messias steht früh am Morgen auf, noch bevor die Sonne aufgegangen ist,[3] und begibt sich in das »Haus des Fußfalls«,[4] die Versammlungs- und Gebetsstätte der Essener in Jerusalem. In diesem Gebäude, das hoch oben auf einem Hügel liegt, haben sich alle Mitglieder der Sekte zu den Morgengebeten versammelt.[5] Nach den Gebeten verlässt der Messias das Gebäude. Die winterliche Sonne steigt im Osten über dem Toten Meer und den Moab-Bergen, die in der Ferne zu sehen sind, empor. Der Messias geht in nördliche Richtung, lässt die Häuser des Essener-Viertels hinter sich und erreicht bald den Palast des Herodes.
Der aufwändige Bau, der vor kurzem fertig gestellt wurde,[6] ist von einer hohen Mauer umgeben und wird auf seiner Nordseite von drei gewaltigen Türmen geschützt. Der Palast besteht aus zwei großen, prächtigen Gebäuden: das eine trägt nach dem römischen Kaiser Augustus den Namen »Caesareon«; das andere, das »Agrippeon«, heißt nach Agrippa, dem Schwiegersohn des Augustus, zu dem Herodes freundschaftliche Beziehungen unterhält.[7] Im Hof des Palasts befinden sich Säulengänge und ein Garten mit Bäumen,

17

Tümpeln und Bronzebrunnen.[8] Außerdem gibt es zahlreiche Taubenschläge, da der König mit Begeisterung Tauben züchtet.[9] Der Messias tritt in den Palast ein. Herodes' Freunde und Verwandte sind an diesem Morgen beim König zusammengekommen, um Rechtsfragen zu erörtern.[10] Die Angelegenheit, über die sie beraten sollen, ist außerordentlich kompliziert. Der Messias denkt daran, was die Weisheitsschriften seiner Gemeinschaft lehren: »Zuerst höre dir ihre Erklärung an, und antworte dann [...] Antworte auf die richtige Weise im Kreise von Fürsten [...]«[11] Er wartet, bis etliche der königlichen Freunde und Verwandten ihre Ansicht geäußert haben, und bittet erst dann um die Erlaubnis, sprechen zu dürfen. Er spricht sanft und legt, von Weisheit erfüllt, die Lösung für das komplizierte Rechtsproblem dar.

Mittags setzen sich der König und seine Söhne, Freunde und Verwandten in der großen Halle des Caesareon zu Tisch. Die Wandverzierungen erinnern an die Wandmalereien im Palast des Augustus in Rom.[12] Der erste Gang besteht aus Fisch mit einer besonderen Soße, einer *garum*-Soße, die Herodes' Küche aus Rom erhalten hat.[13] Den Hauptgang bilden gebratene Tauben aus den Taubenschlägen des Königs. Zum Dessert werden Äpfel gereicht, die dem König aus Cumae in Italien geschickt wurden.[14] Während der Mahlzeit trinken der König und sein Hof in maßvollen Schlucken von einem italienischen Wein der Rebart Philonianum. Eine große Sendung dieses Weines von dem Weinberg des Lucio Laenio in Süditalien ist kürzlich im königlichen Palast eingetroffen.[15] Der Messias, der die Essgebote seiner Gemeinschaft peinlich genau einhält, darf von den Speisen, die den anderen Gästen gereicht werden, nichts zu sich nehmen.

18

Ihm wird in einem Essgeschirr, das aus Stein und deshalb gefeit gegen Verunreinigung ist, eine besondere Kost aus Früchten und Gemüse vorgesetzt.[16] Nach der Mahlzeit erhebt sich der berühmte Schriftsteller und Historiker Nicholas von Damaskus, der ständiger Gast am Hof des Herodes ist.[17] Er verliest laut zwei Briefe, die gerade aus Rom eingetroffen sind. Der eine kommt von Alexander und Aristobulus, den Söhnen des Herodes. Den anderen hat der Staatsmann und Autor Asinius Pollio geschrieben, bei dem die Söhne des Herodes in Rom leben.[18] Pollio schreibt über die Heimkehr des Augustus von seiner Reise in den Osten. Er berichtet auch von einem Ereignis, das ihn tief betrübt hat: vom Tod seines Freundes, des berühmten Dichters Vergil.

Vergil hatte 19 v. Chr. Italien verlassen und war nach Athen gereist. Er plante einen dreijährigen Aufenthalt in Griechenland, um sein großes Werk, die *Aeneis,* abzuschließen. In Athen indes traf Vergil Kaiser Augustus, der, von Osten kommend, auf der Heimreise nach Rom war; Augustus überredete den Dichter, mit ihm nach Rom zurückzukehren. Unterwegs erkrankte Vergil. Rom erreichte er nicht mehr; am 20. September des Jahres 19 v. Chr. starb er in Brindisium. Wie Pollio in seinem Brief hinzufügt, hatte Vergil vor seiner Reise nach Griechenland Varius zu seinem literarischen Testamentsvollstrecker ernannt. Weil er wusste, dass die *Aeneis* unvollendet war, hatte er Varius für den Fall, dass er nicht mehr heil nach Rom zurückkehrte, den Auftrag gegeben, das Werk zu verbrennen. Augustus indes befahl, den Anweisungen des Dichters nicht Folge zu leisten, und so wurde das große Werk vor dem Feuer gerettet.[19]

19

Nach der Verlesung von Pollios Brief verlässt der Messias den Königspalast und kehrt ins Essener-Viertel zurück. Er tritt in eines der vielen rituellen Bäder ein, die sich in dem Viertel befinden,[20] legt seine Kleider ab und taucht im Wasser unter. Nach dieser Reinigung legt er ein weißes Gewand an,[21] das ihm ein anderer Essener reicht. Die Angehörigen der Sekte versammeln sich nun zum Abendessen. Die Atmosphäre und die Speisefolge hier unterscheiden sich vollständig von denen in Herodes' Palast. Die Teilnehmer an der Mahlzeit sitzen an einer langen Tafel, an deren oberem Ende ein Priester und der Messias Platz nehmen; Letzterer ist der *nasi* (Führer) der Gemeinde.[22] Der Bäcker geht die Tafel entlang und legt jedem ein Stück Brot vor. Ihm folgt der Koch, der jedem Anwesenden eine Schale mit gekochtem Gemüse reicht.[23] Als Erster segnet der Priester das Brot und den Wein und isst ein Stück von dem Brot; dann segnet der Messias das Brot und isst etwas von dem Stück, das vor ihm liegt. Erst dann dürfen die anderen das Brot segnen und davon essen.[24] Während des Mahles herrscht absolute Stille.[25] Am Ende der Mahlzeit sprechen die Mitglieder der Gemeinschaft einen Schlusssegen und danken Gott für die Nahrung, die sie genossen haben.[26]

Nach dem Mahl erhebt sich der Priester und segnet den Messias als den *nasi* (Führer) der Gemeinschaft:

>»So mögest du g[erecht] sein durch die Kraft deines [Mundes] und die Erde verwüsten mit deinem Stock!
>Mit dem Hauch deiner Lippen mögest du die Gottlosen töten [...]

Möge er deine Hörner aus Eisen machen
und deine Hufe aus Bronze [...]

Denn Gott hat dich als das Zepter über die Herrscher gemacht [...]
Er soll dich mächtig machen bei seinem heiligen Namen
[...]«[27]

Für die Angehörigen der Essener-Sekte ist der *nasi*, der Messias, dazu bestimmt, über alle Völker zu herrschen. Nach
einem Krieg, in dem er und seine Anhänger die Heere der
Völker – allen voran das römische – schlagen werden, tritt
der Messias seine Herrschaft an. Der »Gottlose«, den er mit
dem Odem seiner Lippen töten wird,[28] ist der »König von
Kittim« – ein Geheimname für den römischen Cäsar Augustus.[29] Diese Vision ist nicht einfach nur ein Hirngespinst.
Vor dem Messias und seinen Anhängern liegt eine Schriftrolle ausgebreitet. Die Schriftrolle enthält einen ausgear-
beiteten Plan für den kommenden eschatologischen »Krieg
zwischen den Söhnen des Lichtes und den Söhnen der Finsternis«.
All diese Aktivitäten unterliegen selbstverständlich strengs-
ter Geheimhaltung. Würde König Herodes durch seine
Spione von den Ambitionen des Messias und seiner Anhänger beziehungsweise von den Vorbereitungen auf einen Krieg
gegen die Römer Kenntnis erhalten, er würde sie ohne
Frage alle zum Tode verurteilen. Sie würden zur Festung
Hyrcania im gottverlassensten Teil der Judäischen Wüste
gebracht, schrecklichen Folterungen unterworfen und getötet werden.[30] Alle Mitglieder der Sekte haben indes bei
ihrem Eintritt in die Gemeinschaft einen feierlichen Eid

21

Abb. 1 Die Kriegsrolle: Der Kampf zwischen den Söhnen
des Lichtes und der Finsternis

geschworen, ihre Geheimnisse niemals an Fremde zu verraten, nicht einmal unter den Todesqualen der Folter.[31] Demzufolge weiß niemand außerhalb der Sekte etwas von dem messianischen Führer oder gar von den Vorbereitungen auf den Krieg.

Spät am Abend begibt sich der Messias zu Bett. Am nächsten Tag wird er wieder in den Palast des Herodes gehen, in Gesellschaft der Söhne des Königs bei Herodes sitzen und sich mit ihm unterhalten. Ort der Unterhaltung wird die Halle sein, die nach Kaiser Augustus benannt ist. Keiner der Anwesenden wird sich auch nur im Traum vorstellen können, dass der geachtete Gast wenige Stunden zuvor mit den Mitgliedern seiner Gemeinschaft zusammengesessen hat, um Pläne für den Sturz des Augustus und die Zerschlagung des römischen Heeres am Tag der Vergeltung zu schmieden.[32]

Diese fiktive Rekonstruktion eines Tages im Leben des Messias stützt sich auf literarische Quellen der damaligen Zeit und auf archäologische Funde, die aus Qumran,[33] aus dem Palast des Herodes in Massada und von Ausgrabungen in Jerusalem stammen. Sie macht den Zwiespalt im Leben des Messias deutlich: Einerseits war er am römisch-hellenistischen Hof des Herodes ein geachteter Gast; andererseits sehnten sich er und seine Anhänger danach, einen heiligen Krieg gegen die Römer zu führen. Und dabei erschöpft sich die Vielschichtigkeit der Messiasgestalt keineswegs schon in diesem Doppelleben. Um mehr über sie in Erfahrung zu bringen, müssen wir uns nun den Schriftrollen vom Toten Meer zuwenden.

Die Schriftrollen vom Toten Meer

Zu Beginn des Jahres 1947 suchte ein Hirte der Ta'mireh, eines Nomadenstamms in der Judäischen Wüste, nach einer Ziege, die aus der Herde entlaufen war. Er stand nahe dem Ort, der unter dem Namen Hirbat Qumran bekannt ist, am Eingang zu einer Höhle in einem Felsenhang über dem Toten Meer und warf auf gut Glück einen Stein in die Höhle. Der Stein traf ein Tongefäß, und der Klang lockte den Hirten ins Innere. Zu seiner großen Überraschung fand er eine Reihe von Tonkrügen, von denen einer pergamentene Schriftrollen enthielt. Die Schriftrollen verkaufte der Hirte einem Antiquitätenhändler in Bethlehem.

E. L. Sukenik, Professor für Archäologie an der Hebräischen Universität Jerusalem, kaufte dem Händler in Bethlehem zwei der Schriftrollen ab. Kurz danach gelang es ihm, eine weitere zu erstehen. Diese Handschriften, zusammen mit weiteren Rollen und Bruchstücken von denen, die in der Nähe von Hirbat Qumran gefunden wurden, sind als die »Schriftrollen vom Toten Meer« bekannt geworden.

Eine der Handschriften, die er erstanden hatte, nannte Sukenik »Loblieder-Rolle«, weil sie aus Psalmen besteht, von denen die meisten mit der Formel »Ich danke dir, o Herr« beginnen. In diesen Psalmen bekundet der Verfasser Gott seine Dankbarkeit dafür, dass er ihn von seiner Sünde befreit und der göttlichen Gegenwart hat teilhaftig werden lassen. Sich selbst stellt der Autor als Oberhaupt einer Gemeinschaft von Gläubigen dar; zahlreiche Wissenschaftler sind deshalb der Ansicht, dass die Schriftrolle vom »Lehrer der Gerechtigkeit« verfasst wurde, das heißt vom Gründer und ursprünglichen Führer der Qumran-Sekte.

Abb. 2 Höhle 4, Qumran

Während die anderen Schriftrollen, die in Qumran gefunden wurden, auf die übliche Weise aufgerollt waren, befand sich die Loblieder-Rolle in einem ungewöhnlichen Zustand, der Fragen aufwirft. Sie war in zwei getrennten Teilen verstaut worden. Der zuerst geöffnete Teil umfasste drei Perga-

25

Abb. 3 Die zerrissenen Bogen der Loblieder-Rolle

mentbogen. Diese hatte man nicht ineinander gerollt, sondern jeden für sich zusammengelegt. Eine nähere Untersuchung ergab, dass die Bogen nicht von dem Beduinen getrennt worden waren, als er·sie aus den Krügen nahm, sondern dass die verschiedenen Stücke der Loblieder-Rolle

26

bereits in der Antike auf diese Weise verstaut worden waren.
Der zweite Teil der Rolle bestand aus einer zusammenge-
drückten und zerknüllten Masse, die sich aus ungefähr 70
großen und kleinen Rollenfragmenten zusammensetzte.[34]
Bevor sie in den Krug gepackt worden war, hatte man die
Rolle offenbar absichtlich verunstaltet. Ein Mitglied der
Sekte hatte die Rolle in mehrere Bogen zerrissen, drei von
ihnen zusammengerollt, die übrigen zerfetzt und die vielen Bruchstücke zu einem einzigen Klumpen zusammen-
gepresst. Die Absicht, die Rolle zu demolieren, war klar
erkennbar. Und doch hatte man sie nicht ganz und gar vernichtet. Jemand aus der Sekte – entweder derselbe, der sie
zerrissen hatte, oder ein anderer – hatte die abgerissenen
Bogen und die zerknitterten Bruchstücke in der Höhle verstaut, in die man die heiligen Texte der Sekte brachte. Wie
lässt sich dieses Zugleich von Zerstören und Bewahren verstehen?

Wie es scheint, reagierten die Mitglieder der Sekte auf die
Loblieder-Rolle mit gemischten Gefühlen. Der Wunsch,
diese Rolle aufzubewahren, die schließlich eine der heiligen
Schriften der Sekte darstellte, ist leicht verständlich; aber
was erzeugte den Zwang, sie zu zerreißen und zu zerstören?
Steckte in dieser besonderen Rolle etwas, das die Mitglieder der Sekte für ketzerisch hielten und unterdrückt sehen
wollten?

Die Rolle enthielt zwei ungewöhnliche Hymnen, die nach
meiner Ansicht tatsächlich bei einigen Mitgliedern der Sekte
erhebliches Missfallen erregt haben konnten. Von diesen
Hymnen finden sich unter den zerknitterten Fragmenten,
die an dem heute als Höhle 1 bekannten Fundort in Qumran entdeckt wurden, nur ein paar Überreste. Das Glück in-

des wollte es, dass später in Höhle 4 drei andere Handschriften gefunden wurden, mit deren Hilfe wir im Stande sind, den Text der Fragmente aus Höhle 1 zu rekonstruieren.[35] Diese beiden Hymnen unterscheiden sich sowohl in ihrer Sprache als auch in ihren Segnungsformeln von den übrigen Danksagungsliedern.[36] Auch die Stimmung, die in diesen beiden Hymnen herrscht, unterscheidet sich wesentlich von dem für die Psalmen charakteristischen Ton. Die Loblieder sind durchweg erfüllt von einem Gefühl tiefer Schuld. Sie basieren auf der Überzeugung, dass die Menschen nur durch die Gnade Gottes aus ihrer schuldbeladenen, sündigen Existenz befreit werden können.[37] In den beiden anderen Hymnen hingegen fehlt das Schuldgefühl vollständig; wir erfahren im Gegenteil, dass Sünde und Schuld verschwunden sind, als hätte es sie nie gegeben.[38] All das hat die Wissenschaftler zu dem Schluss geführt, dass diese Hymnen ursprünglich nicht zur Loblieder-Sammlung gehörten, sondern zu einem späteren Zeitpunkt eingefügt wurden.[39]

Die erste Hymne ist in der Ichform verfasst. Auf der Grundlage der verschiedenen Manuskripte können wir sie folgendermaßen rekonstruieren:[40]

»[Wer] ist verachtet wie [ich? Und wer]
ist verworfen [unter den Menschen] wie ich? [Und wer]
gleicht m[ir im Ertragen] von Schlimmem?
[…]
Wer ist wie ich unter den Engeln?
[Ich] bin der Geliebte des Königs, ein Gefährte der Hei-
[ligen …]«

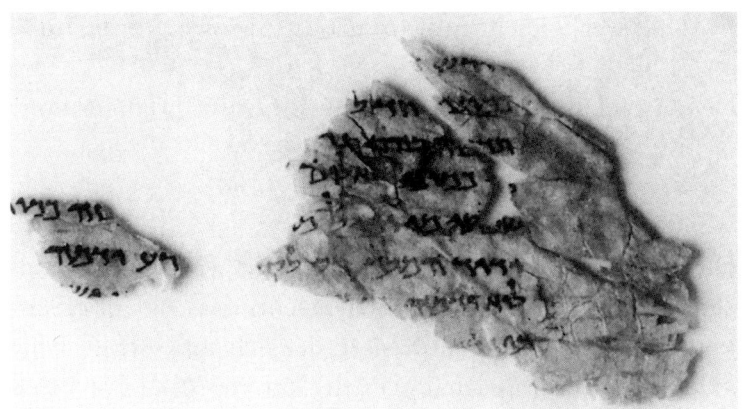

Abb. 4 Die erste messianische Hymne –
Fassung 1: 4QHe, Fragment 1–2

Die Gestalt, die uns diese Hymne zeigt, ist vielschichtig und faszinierend. Wir sehen einen sehr ausgeprägten Zwiespalt in dem Bild, das der Verfasser von sich entwirft. Er sieht sich ausgestattet mit göttlichen Attributen, während er sich gleichzeitig in der Figur des »leidenden Knechtes« aus Jesaja 53 wiedererkennt. Über den »leidenden Knecht« steht dort geschrieben: »Er war der Allerverachtetste und Unwerteste, voller Schmerzen und Krankheit.« (Jes. 53,3) Der Verfasser der Hymne schreibt:

»[Wer] ist verachtet wie [ich? Und wer]
ist verworfen [unter den Menschen] wie ich?«

Dann lesen wir über den »leidenden Knecht«: »Fürwahr, er trug unsre Krankheit und lud auf sich unsre Schmerzen.« (Jes. 53,4) Entsprechend sagt der Autor der Hymne von sich:

29

»[Und wer] gleicht m[ir im Ertragen] von Schlimmem?«

Den Gipfel an Kühnheit erreicht der Autor, wenn er sagt:

»Wer ist wie ich unter den Engeln *(elim)?*«

Die Verwegenheit dieser Formulierung wird einem noch deutlicher, wenn man sich klar macht, dass sie auf einem Vers im Alten Testament basiert, der sich auf Gott bezieht: »Herr, wer ist dir gleich unter den Göttern *(elim)?*« (2. Mose 15,11) Der Autor der Hymne nimmt den Lobpreis, der in der Bibel Gott gezollt wird, und nutzt ihn zur Selbsterhöhung! Der Begriff *elim,* den der Autor verwendet, bedeutet in diesem Zusammenhang Engel.[41] Der Verfasser brüstet sich damit, dass keiner der Engel im Himmel den Vergleich mit ihm aushalte. Eine solch tollkühne Verwendung eines Bibelverses bot ohne Frage hinreichend Grund für die spätere Verunstaltung des Schriftrollenexemplars.
Der Verfasser der Hymne bezeichnet sich außerdem als den »Geliebten« oder »Gefährten« des Königs. Normalerweise bezieht sich der letztere Begriff auf einen König aus Fleisch und Blut,[42] aber im vorliegenden Kontext ist mit dem König Gott gemeint. Das bestätigt der Schluss des Satzes, wo der Verfasser sich als »Gefährten der Heiligen«, das heißt, als einen Freund der Engel bezeichnet.[43]
Diese Hymne, die unter den Wissenschaftlern als »Selbstverherrlichungshymne« bekannt ist, gibt es auch in einer anderen Version, die ebenfalls den Stempel dieser vielschichtigen und vielseitigen Persönlichkeit trägt. Zu Anfang der zweiten Version erfahren wir, dass der Autor sich auf einem himmlischen Thron im Rat der Götter/Engel sitzen sieht:[44]

Abb. 5 Die erste messianische Hymne –
Fassung 2: 4Q491,
Fragment 11, Kolumne 1

»[…] ewig ein mächtiger Thron in der Versammlung der
Engel. Keiner der alten Könige soll darauf sitzen.
Denn ich wohne […] in den Himmeln.«

Der Verfasser fügt hinzu, dass er als zu den Engeln gehörig
betrachtet werde und in ihrer Ratsversammlung weile:

»Ich werde zu den Engeln gerechnet und mein Wohnsitz
ist in der heiligen Gemeinschaft.«

Er beansprucht, einen übermenschlichen Zustand erreicht
zu haben, der seinen Ausdruck in der Überwindung fleisch-
licher Begierden und in der körperlichen Leidensfähigkeit
finde:

31

»[Mein] Bege[hren] ist nicht nach dem Fleisch [...]
[...]
Wer hat Leiden [erfahren] wie ich? Und wer ist wie ich
[im Ertragen] von Schlimmem?«

Wie in der ersten Version der Hymne gewahren wir auch hier
einen starken Zwiespalt in der Persönlichkeit des Sprechers:
er beansprucht zur gleichen Zeit, der verachtetste und der
glorreichste unter den Menschen zu sein:

»Wer ist für so verachtenswert gehalten worden wie ich?
Wer ist vergleichbar mit mir in meiner Herrlichkeit?«

Der Autor rühmt sich außerdem seiner unvergleichlichen
Fähigkeiten als Lehrer und Richter.

»Wer kann sich mir an die Seite stellen und sich gleichstellen mit meinem Urteil?«

Und unmittelbar vorher:

»keine Lehre ist vergleichbar
[mit meinen Lehren]«[45]

Ergreift er das Wort, unterbricht ihn niemand, und niemand,
der ihn hört, kann vollständig erfassen, was er sagt:

»Wer also soll mich angreifen, wenn [ich] öff[ne meinen
Mund]? Wer kann das, was von meinen Lippen kommt,
aushalten?«[46]

Wer spricht in diesen Hymnen? Sind das Äußerungen einer realen Person von außerordentlichem Charakter, oder werden sie nur einer Fantasiegestalt in den Mund gelegt? Einigen Wissenschaftlern zufolge handelt es sich um Worte, die der imaginäre priesterliche Messias oder Lehrer am »Ende der Tage«[47] sprechen wird, aber es fällt schwer, sich dieser Ansicht anzuschließen. Es gibt in der Literatur vom Toten Meer zwar Beschreibungen messianischer Zukunftsgestalten, doch findet sich nichts, was auch nur entfernt dieser in der Ichform geschriebenen Hymne entspräche. Und ebenso findet sich auch nichts, was der Kühnheit und dem Selbstwertgefühl, die in diesem Hymnus zum Ausdruck kommen, vergleichbar wäre. J.J. Collins, einer der führenden Gelehrten auf dem Gebiet dieser Literatur, stellt fest:

>»[N]irgendwo sonst im Corpus der Schriftrollen werden dem Messias, wenn er auftaucht, Worte in den Mund gelegt; folglich gibt es zu der von einer messianischen Gestalt gehaltenen Rede, wie wir sie in 4Q491 antreffen, keine Parallele. Und auch die Ansprüche, die dort erhoben werden, erhebt in den Schriftrollen niemand sonst.«[48]

Weiterhin ist die Kombination aus göttlicher Stellung und Leidenserfahrung, die man in dieser Hymne antrifft, in der jüdischen Literatur unbekannt. Deshalb fällt es schwer zu glauben, dass sich jemand solch eine ungewöhnliche messianische Gestalt ausdenken würde. Der einzigartige Charakter der Hymne führt uns zu der Annahme, dass es sich dabei um die authentischen Äußerungen einer historischen Persönlichkeit handelt, die in der Qumran-Gemeinschaft tätig war. Meiner Ansicht nach spricht einiges dafür, dass die Ich-

33

person in der Hymne ein Führer der Sekte von Qumran war, der sich selbst als den Messias sah und von seiner Gemeinschaft dafür gehalten wurde.[49]

Auf die erste Hymne, die Selbstverherrlichungshymne, folgt in allen vier Manuskripten eine zweite[50], in der die Gemeinschaft aufgerufen wird, Gott für seine Gnadenerweise zu danken. Die Gelehrten, die sich über die Identität des Sprechers in der ersten Hymne Gedanken machten, taten das, ohne die zweite in ihre Überlegungen mit einzubeziehen; die Tatsache indes, dass in allen Manuskripten die zwei Hymnen aufeinander folgen, beweist, dass es zwischen ihnen eine enge Verbindung geben muss. Außerdem finden sich in beiden eindeutige sprachliche und inhaltliche Hinweise darauf, dass sie nicht Teile des ursprünglichen Loblieder-Korpus waren.[51] Hinzu kommt, dass sie die einzigen Hymnen in der Loblieder-Rolle sind, die in zwei verschiedenen Versionen gefunden wurden. Aufgrund all dessen müssen meiner Ansicht nach diese Hymnen als Teile einer zusammenhängenden Komposition betrachtet werden. Ich glaube, dass jede Überlegung zur Identität des Sprechers in der ersten Hymne den Inhalt der zweiten mit in Rechnung stellen muss.

Der Zusammenhang zwischen den beiden Hymnen geht aus deren Inhalt klar hervor. Der Sprecher in der ersten Hymne sieht sich in der Gesellschaft von Göttern/Engeln im Himmel und berichtet von seinem Erlebnis in der ersten Person:

»Denn ich wohne [...] in den Himmeln,
Ich werde zu den Engeln gerechnet.«

In der zweiten Hymne finden wir dasselbe Erlebnis geschildert, aber in der dritten Person:

»Gott, der [Wunder t]ut, ist groß.

Denn er bringt in die Tiefe den Hochmut des Geistes [...]
Er erhebt den Unterdrückten aus dem Staub in [die Himmel],
und zu den Wolken erhöht er seine Gestalt, und [er ist] bei
den himmlischen Wesen in der Zusammenkunft der Gemeinschaft.«[52]

Diese Schilderung liefert uns wertvolle Aufschlüsse über den Sprecher in der ersten Hymne, der sich dort als von Engeln umgeben darstellt. Hier wird er als ein elender Mensch, der ursprünglich im Staub kroch, den aber Gott »zu den Wolken« erhoben hat, beschrieben.
Die zweite Hymne ist im Wesentlichen eine Aufforderung an die Mitglieder der Gemeinschaft, Gott für das Heil zu danken, das er ihnen gebracht hat. Der Autor beginnt mit den Worten:

»Singt Loblieder, o ihr Geliebten, singt dem König
[des Ruhms, frohlockt in der Vers]ammlung Gottes. Singt
aus Freude in den Zelten der Errettung.«

An späterer Stelle in der Hymne findet man eine Schilderung des dramatischen Wandels, den das Schicksal der Sekte erfährt:

»[... Gottlosigkeit kommt zu einem Ende ...]
Täuschung [hat aufgehör]t, und es gibt keine unwissende

35

Verderbtheit. Licht scheint hinaus, …
Trauer [hat aufgehört] und Kummer flieht. Friede zeigt
sich, Angst hat ein Ende, eine Quelle [ewigen] S[egens]
öffnet sich
und Heil für die Zeitalter der Ewigkeit [...] Lasterhaftig-
keit ist zu Ende gegangen.«

Beschrieben wird hier eine Zeit der Erlösung, in der Gottlosigkeit, Sünde und Trauer verschwunden sind und an ihre
Stelle das Licht des Heils getreten ist. Die Zeit der Erlösung
wird dabei nicht wie an anderen Stellen in der Loblieder-
Rolle[53] als eine prophetische Zukunftsvision vorgestellt oder
als etwas, worum man zu Gott betet, sondern als ein bereits
verwirklichter Zustand.
Die Menschen von Qumran warteten auf das Kommen eines
Messias, der sie von ihren Sünden erlösen würde. In einer der
Schriftrollen aus Qumran, der so genannten Damaskusschrift, lesen wir, die dort aufgezeichneten Regeln behielten
ihre Gültigkeit bis zur Ankunft des Messias. Dieser werde
den Mitgliedern der Sekte eine Sühne bringen, die über die
Buße durch Getreide- oder Sühneopfer hinausgehe:

»Und dies ist die Darlegung der Vorschriften, mittels derer
sie [re]giert werden sollen bis zum Erscheinen des Messias
von Aaron und Israel,
Und er wird ihre Sündigkeit besser wieder gutmachen als
durch [Getr]eideopfer und Sühneopfer.«[54]

Während die Damaskusschrift die messianische Erlösung als
Zukunftshoffnung beschreibt, haben in unserer Hymne die
Sühne und die Vergebung der Sünden bereits stattgefunden.

Abb. 6 Die zweite messianische Hymne –
Fassung 1: 4QHa, Fragment 7,
Kolumne 1 und 2

Die Zeit der messianischen Erlösung erscheint hier als ge-
lebte Gegenwart. Tatsächlich werden in der zweiten Version
der zweiten Hymne die Mitglieder der Sekte aufgefordert,
vor Gott zu frohlocken und ihn dafür zu preisen, dass er »das
Horn [seines] Mess[ias]« aufgerichtet hat:[55]

»[... Frohlocket, ihr] Gerechten unter den Engeln [...] in
der heiligen Wohnstatt. Preist ihn mit Gesang [...]
[... V]erkündiget die Betrachtung der Freude [...] freudig
für immer. Es gibt nicht [...]

37

[…] zu erheben das Horn [seines] Mess[ias][56]
[…] um seine Hand in Stärke bekannt zu machen […]«

Wer war dieser Messias, dessen »Horn« von Gott »aufgerichtet« wurde?

Wir irren schwerlich, wenn wir den Messias, von dem hier die Rede ist, mit dem Sprecher in der Selbstverherrlichungshymne gleichsetzen. Wenn diese Person sich im Himmel auf einem göttlichen Thron sitzen sieht, dann entspricht das der Darstellung der Messiasgestalt im Alten Testament.[57] Dass in der zweiten Hymne die Erlösung und Vergebung der Sünden als bereits vollbracht gilt, hat offenbar mit dem Erscheinen jener Persönlichkeit in der ersten Hymne zu tun. Wie gesehen, stellt sich der Sprecher dort in Begriffen dar, die an den »leidenden Knecht« erinnern:

»[Wer] ist verachtet wie [ich? Und wer]
ist verworfen [unter den Menschen] wie ich?
[…] Wer hat Leiden [erfahren] wie ich?
[Und wer] gleicht m[ir im Ertragen] von Schlimmem?«[58]

Die Beschreibung des »zu den Wolken« erhobenen Helden der zweiten Hymne entspricht ebenfalls dem, was Jesaja vom »Knecht Gottes« oder »leidenden Knecht« zu berichten weiß: »Siehe, meinem Knecht wird's gelingen, er wird erhöht und sehr hoch erhaben sein.« (Jes. 52,13)
Der »leidende Knecht« in Jesaja trägt die Sünden seiner Gemeinschaft und leistet stellvertretend für sie Buße:

»Fürwahr, er trug unsre Krankheit und lud auf sich unsre Schmerzen […]

38

Aber er ist um unsrer Missetat willen verwundet und um
unsrer Sünde willen zerschlagen [...]
dafür dass er sein Leben in den Tod gegeben hat und den
Übeltätern gleich gerechnet ist und er die Sünde der Vielen getragen hat und für die Übeltäter gebeten.« (Jes.
53,4,5,12)

Angesichts des engen Zusammenhangs, den die Literatur
vom Toten Meer zwischen der Ankunft des Messias und der
Vergebung der Sünden herstellt,[59] dürfen wir vermuten, dass
der Sprecher in der ersten Hymne, der sich in der Rolle des
von Jesaja beschriebenen »leidenden Knechtes« sah, in seiner Gemeinschaft als derjenige galt, der durch sein Leiden
die Sünden aller Mitglieder seiner Sekte stellvertretend gesühnt hatte.

Jesus und die Hauptfigur der Hymnen

Jesus kam ungefähr im Todesjahr von König Herodes
(4 v. Chr.) zur Welt und wurde um 30 n. Chr. in Jerusalem
gekreuzigt. Wer war der historische Jesus?[60] Wie sah er sich
selbst? Der in der Neutestamentarischen Wissenschaft vorherrschenden Überzeugung zufolge betrachtete Jesus sich
nicht als den Messias,[61] identifizierte sich also nicht mit der
messianischen Figur eines »Menschensohns«, wie man sie im
Buch Daniel findet,[62] oder mit dem »leidenden Knecht« aus
Jesaja 53. Vielmehr hätten erst seine Jünger nach seinem
Tod diese Gleichsetzung vorgenommen. Rudolf Bultmann,
der Hauptvertreter dieser Schule, führt dazu aus:

»Man versucht freilich, den Gedanken des leidenden ›Menschensohnes‹ in die Anschauung Jesu zurückzutragen, indem man annimmt, Jesus habe sich als den deuterojesajanischen ›Gottesknecht‹, der für die Sünder leidet und stirbt, gewusst und habe die Vorstellungen vom ›Menschensohn‹‹ und vom ›Gottesknecht‹ zum einheitlichen Bilde des leidenden, sterbenden und auferstehenden ›Menschensohnes‹ verschmolzen.
Dagegen sprechen schon die gegen die Geschichtlichkeit der Leidensweissagungen zu erhebenden Bedenken. Zudem zeigen die überlieferten Jesusworte keine Spur davon, dass er sich als den ›Gottesknecht‹ von Jesaja 53 gewusst habe.
Die messianische Deutung von Jesaja 53 ist erst in der christlichen Gemeinde gefunden worden, und zwar offenbar nicht einmal sogleich.«[63]

Meiner Ansicht nach stellen die messianischen Hymnen die Bultmannschen Thesen infrage. Der Held der Hymnen beansprucht göttlichen Rang. Er erklärt, über den Engeln zu stehen[64] und sieht sich auf einem von Engeln umgebenen himmlischen Thron,[65] womit er sich offenkundig mit dem Gott des Alten Testaments vergleicht.[66] Zur selben Zeit aber schildert er sich als »verachtet und verworfen unter den Menschen« und erklärt:

»Wer hat Leiden [erfahren] wie ich?
[Und wer] gleicht m[ir im Ertragen] von Schlimmem?«[67]

Auf diese Weise identifiziert er sich mit dem »leidenden Knecht« in Jesaja. Diese Verbindung von göttlichem Rang und Leidenserfahrung ist in der Geschichte der messianischen Idee vor diesen Hymnen unbekannt.

Die messianische Deutung von Jesaja 53 ist demnach *nicht* erst das Werk der christlichen Kirche. Sie wurde bereits von dem Messias der Sekte von Qumran vertreten. Angesichts dessen sollten wir die Möglichkeit in Betracht ziehen, dass es sich nicht um eine nachträgliche kirchliche Konstruktion handelt, wenn Jesus als Kombination aus »Menschensohn« und »leidendem Knecht« erscheint. Vielleicht sah sich der historische Jesus tatsächlich selbst auf diese Weise, da sein Vorgänger, der Messias von Qumran, den Zusammenhang ja bereits hergestellt hatte.

Welche Art von Verbindung bestand zwischen Jesus und dem Messias von Qumran? Ist denkbar, dass Jesus ihn persönlich kannte? Empirische Hinweise darauf, wann der messianische Führer von Qumran aktiv war, lassen sich den Hymnen selbst nur schwer entnehmen. Die erhalten gebliebenen vier Manuskripte mit den beiden Versionen der messianischen Hymnen lassen sich aufgrund ihrer Schrift alle auf einen Zeitraum datieren, der von 50 v. Chr. bis zum Beginn der christlichen Ära reicht[68] und somit die Zeit der Herrschaft des Herodes umfasst.[69] Das erlaubt uns die Feststellung, dass die messianische Bewegung spätestens in der zweiten Hälfte des 1. Jahrhunderts v. Chr. in Erscheinung trat. Allerdings ist die Zeit, aus der die Abschriften der Hymnen stammen, nicht notwendigerweise identisch mit der Entstehungszeit der Hymnen selbst. Wir können die Möglichkeit nicht ausschließen, dass sie früher entstanden und dass ältere Niederschriften von ihnen verloren gegangen sind und nicht überliefert wurden.

41

Wir müssen einen archimedischen Punkt außerhalb der Hymnen finden, der uns Informationen über die Existenz eines messianischen Führers in der Qumran-Sekte während des erwähnten Zeitraums liefert. Solch ein Punkt lässt sich meines Erachtens in der Gruppe der apokalyptischen Schriften finden, mit denen wir uns im nächsten Kapitel beschäftigen wollen.

2. Nach drei Tagen

Wir beginnen unsere Nachforschungen über den historischen Rahmen des qumranischen Messias mit einer Erörterung zweier apokalyptischer Werke. Meiner Ansicht nach berichten uns diese Apokalypsen von dem gewaltsamen Tod des Messias von Qumran. Unsere Aufgabe wird es sein, die Ereignisse, die in diesen beiden Werken geschildert werden, zu datieren. In einem apokalyptischen Werk beschreibt der Autor gewöhnlich die Vorgänge seiner Zeit als Ereignisse der Zukunft, die er prophetisch voraussieht. Deshalb ist es erforderlich, apokalyptische Werke vor dem Hintergrund der historischen Geschehnisse, in deren Kontext sie verfasst wurden, zu interpretieren. Wie ich noch im Einzelnen deutlich machen werde, lässt sich der Inhalt der beiden genannten Werke als eindeutig geprägt von der politischen Situation im Römischen Reich während der zweiten Hälfte des 1. Jahrhunderts v. Chr., das heißt unmittelbar vor dem Leben und Wirken Jesu, verstehen.

Im Jahr 44 v. Chr. wurde Cäsar durch eine Verschwörergruppe unter der Führung von Brutus und Cassius ermordet. Nach dem Mord öffnete man Cäsars Testament. Laut diesem Testament hatte Cäsar Oktavian, das Kind seiner Nichte Atia, als seinen Sohn adoptiert. Dieser Adoptivsohn erhielt jetzt Cäsars Namen und hieß fortan Gaius Julius Caesar Octavianus. Oktavian – der später (27 v. Chr.) den Ehrentitel »Augustus« erhielt – war damals ein Jugendlicher von 19 Jahren. Er musste in Rom mit Rivalen um die Macht

Abb. 7 und 8 Porträt des Oktavian als Caesar divi filius
und des Divus Iulius (auf der Rückseite der Münze)

kämpfen, die älter und erfahrener waren als er – vor allem
mit Mark Anton.

Oktavians Hauptbemühungen waren zu dieser Zeit darauf
gerichtet, durchzusetzen, dass der ermordete Cäsar als Gott
verehrt wurde; wenn sein Adoptivvater als göttlich anerkannt wurde, dann erhielt folgerichtig auch er, Oktavian,
göttlichen Status. Um zu betonen, dass er der Sohn des
»göttlichen Julius« war, bezeichnete sich Oktavian selbst
als Imperator Caesar divi filius, wobei *divi filius* so viel bedeutet wie »Sohn des Vergöttlichten« oder »Sohn Gottes«.
Dieser Titel findet sich auch auf seinen Münzen.[1]

In dem Jahr, das auf Cäsars Ermordung folgte, fanden grau-
same Kriege statt. Zuerst kämpften Oktavian und Mark
Anton gemeinsam gegen Cäsars Mörder und ihre Anhänger.
Als die Feinde besiegt waren, teilten sie das Reich unter
sich auf. Oktavian residierte in Rom und herrschte über die
westlichen Gebiete, während sich Mark Anton in Alexandrien etablierte und die östlichen Provinzen regierte.[2] Mark
Antons enge Beziehung zu Kleopatra, der Königin von Ägypten, führten zu starken Spannungen zwischen ihm und Ok-

tavian, die sich schließlich in der Seeschlacht bei Aktium im Jahr 31 v. Chr. entluden. Die Schlacht war noch nicht entschieden,

>als man plötzlich die 60 Schiffe Kleopatras die Segel aufziehen und mitten durch die Streitenden davonfliehen sah [...] Hier zeigte nun Antonius auf das Deutlichste, dass er sich weder durch die Überlegung eines Feldherrn noch die eines Mannes, ja nicht einmal durch seinen eigenen Verstand regieren und leiten ließ; sondern, wie jemand scherzweise gesagt hat, dass die Seele des Verliebten in einem fremden Körper lebe, wurde er von jenem Weib davongezogen, nicht anders, als wenn er mit ihr zusammengewachsen wäre und ihr in allen Bewegungen folgen müsste [...] Kaum sah er das Schiff Kleopatras davonsegeln, als er alles vergaß und selbst diejenigen, welche für ihn stritten und starben, verriet und im Stich ließ [...]«[3]

Mark Anton und Kleopatra wurden von Oktavian in der Seeschlacht besiegt. Sie flohen nach Alexandrien und begingen dort Selbstmord.

Meiner Ansicht nach haben diese dramatischen Ereignisse ihren Niederschlag in der Apokalypse gefunden, die als das »Orakel des Hystaspes« bekannt ist.

Das Orakel des Hystaspes

Die Prophezeiung des Hystaspes findet sich zum ersten Mal Mitte des 2. Jahrhunderts n. Chr. in den Schriften von Justinus dem Märtyrer erwähnt, der wegen seines christlichen

Glaubens von den römischen Behörden hingerichtet wurde. Seiner Überlieferung nach verhängten die römischen Herrscher die Todesstrafe über jeden, der diese Prophezeiung las, weil sie den Fall des Römischen Reiches vorhersagte. Trotz dieses gottlosen Dekrets hätten er und seine Freunde, so berichtet Justinus, die Weissagung auch weiterhin gelesen.[4]

Laut dem Kirchenvater Clemens von Alexandrien empfahl der heilige Paulus die Lektüre der Prophezeiung des Hystaspes und zitierte auch aus ihr.[5]

Der sagenhafte Hystaspes, dem das Orakel zugeschrieben wurde, war ein medischer König, der angeblich noch vor dem Trojanischen Krieg lebte. Die Rückführung des apokalyptischen Werkes auf einen Perser kaschiert indes die Tatsache, dass es von einem Juden geschrieben wurde und sich um das jüdische Volk und Jerusalem drehte.[6] Passagen aus dem Orakel des Hystaspes sind uns in den *Divinae institutiones* des Kirchenvaters Lactantius, der im Ruf eines christlichen Cicero stand, überliefert.

In seiner Weissagung spricht Hystaspes von zwei Königen. Von dem Ersten, der über Asien herrschen werde, sagt er Folgendes:

>»Er wird mit seiner unerträglichen Herrschaft die Welt bedrängen [...] und wird Pläne in seinem Herzen schmieden, dass er die Macht für sich gewinne. [...] Und endlich wird er den Namen des Reiches verändern und seine Residenz verlegen.«[7]

Danach werde ein anderer König kommen,[8] schrecklicher als der erste, und werde ihn vernichten: Hystaspes schildert diesen zweiten König: »[E]r wird sich selbst als Gott einsetzen und bezeichnen und wird die Menschen heißen, ihn als Sohn Gottes anzubeten.«[9]

Wer waren diese beiden Könige? Hystaspes zufolge wird der erste König, der über Asien herrschen wird, den Namen des Reiches verändern und seine Hauptstadt verlegen. Das entspricht genau den Anschuldigungen, die von den Anhängern des Augustus gegen Mark Anton wegen dessen Beziehung zu Kleopatra erhoben wurden.

Im Jahr 40 v. Chr. heiratete Mark Anton Oktavia, die Schwester des Augustus, gemäß einem Abkommen, das die beiden Rivalen im gleichen Jahr in Brindisium geschlossen hatten. Das Abkommen und der Eheschluss weckten bei den Römern, die von den endlosen Kriegen genug hatten, große Hoffnungen, die sich allerdings zerschlugen, als Mark Anton zu seiner Geliebten Kleopatra zurückkehrte und sie heiratete. Die Spannungen zwischen Mark Anton und Augustus erreichten ihren Höhepunkt 32 v. Chr., als Mark Anton sich von Oktavia trennte und sie aus seinem Haus verstieß. In Reaktion darauf nahm Augustus widerrechtlich das Testament des Mark Anton aus dem Tempel der Vestalinnen, wo es verwahrt wurde, und verlas es vor dem Senat. In diesem Testament hatte Mark Anton verfügt, selbst wenn er in Rom sterbe, wolle er nach Alexandrien überführt und neben Kleopatra begraben werden. Das Testament wurde als Beweis dafür genommen, dass Mark Anton beabsichtigt hatte, die Hauptstadt des Reiches nach Alexandrien zu verlegen. Der Senat beschloss, gegen die ägyptische Königin in den Krieg zu ziehen, und das führte zur Schlacht bei Aktium, in der die Flotte des Augustus gegen die vereinigten Flotten von Mark Anton und Kleopatra kämpfte.[10] Der griechische Historiker Cassius Dio berichtet,[11] in Rom habe man ge-

47

glaubt, Mark Anton »werde im Fall seines Sieges ihre Stadt Kleopatra überlassen und den Regierungssitz nach Ägypten verlegen«.[12] In der Weissagung des Hystaspes heißt es, der erste König werde »Pläne in seinem Herzen schmieden, dass er die Macht für sich gewinne. [...] Und endlich wird er den Namen des Reiches verändern und seine Residenz verlegen.« In diesem König lässt sich also Mark Anton erkennen. Hystaspes zufolge sollte ihm der zweite König den Untergang bereiten. Dieser war Augustus, der über Mark Anton triumphierte. Über den zweiten König sagt Hystaspes: »[E]r wird sich selbst als Gott [...] bezeichnen und wird die Menschen heißen, ihn als Sohn Gottes anzubeten.« Und tatsächlich nannte sich Augustus *divi filius* – »Sohn Gottes«.

Nach Hystaspes war der zweite König, der »Sohn Gottes«, ein falscher Prophet, der Feuer vom Himmel regnen lassen werde:

»[E]r wird auch ein Lügenprophet sein und wird sich selbst als Gott einsetzen und bezeichnen und wird die Menschen heißen, ihn als Sohn Gottes anzubeten. Und ihm wird die Macht gegeben werden, Zeichen und Wunder zu wirken, durch deren Anblick er die Menschen verführen wird, ihn anzubeten. Er wird Feuer vom Himmel herabregnen lassen.«[13]

Warum wird Augustus, der »Sohn Gottes«, ein falscher Prophet genannt?

Der falsche Prophet im Buch der Offenbarung

Die Gestalt des falschen Propheten, der Feuer vom Himmel regnen lässt, ist uns auch aus der berühmten Vision in Kapitel 13 der Offenbarung des Johannes bekannt.[14] Zwei Tiere werden geschildert, die in dieser Vision auftauchen: Das erste Tier, das aus dem Meer steigt, hat »zehn Hörner und sieben Häupter«. Eines der Häupter wirkt »tödlich wund«, aber »seine tödliche Wunde ward geheilt«. Alle Bewohner der Erde beten dieses Tier an. Später erscheint ein zweites Tier: »Und ich sah ein zweites Tier aufsteigen von der Erde, das hatte zwei Hörner gleichwie ein Lamm und redete wie ein Drache.« (Off. 13,11) Durch Zeichen und Wunder und dadurch, dass es Feuer vom Himmel regnen lässt, bringt es die Bewohner der Erde dazu, ein Bild vom ersten Tier zu machen und es anzubeten. »Und es tut große Zeichen, dass es auch macht Feuer vom Himmel fallen auf die Erde vor den Menschen.« (Off. 13,13)
Das zweite Tier hat große Ähnlichkeit mit der Figur des falschen Propheten, dem »Sohn Gottes«, bei Hystaspes.
Die ganze christliche Geschichte hindurch sind die verschiedensten Deutungen für die Vision von den zwei Tieren vorgeschlagen worden, aber wie es scheint, hat bis heute niemand eine wirklich überzeugende Interpretation liefern können. Meiner Ansicht nach ist der Schlüssel zum Verständnis der Vision die Einsicht, dass Johannes, der anscheinend die Offenbarung um 80 n. Chr. verfasste,[15] Gebrauch von einem älteren Werk machte, das zu Beginn des 1. Jahrhunderts n. Chr., in der Zeit der Augusteischen Herrschaft, geschrieben wurde.
Das zweite Tier »hatte zwei Hörner gleichwie ein Lamm und

redete wie ein Drache«. Diese merkwürdige Kombination aus Drache und Lammhörnern[16] erklärt sich zureichend aus der Propaganda, die im Hinblick auf die göttliche Herkunft des Augustus getrieben wurde. Die Figur eines Kindes oder einer Ziege mit zwei Hörnern – die Figur des Steinbocks – spielte im Mythos von der Göttlichkeit des Augustus eine wichtige Rolle. Der Steinbock war das Tierkreiszeichen des Monats, in dem Augustus empfangen worden war. Die Bedeutung, die Augustus diesem Tierkreiszeichen beimaß, führt Sueton auf eine Begegnung des jungen Augustus mit dem Astrologen Theogenes zurück:

> »[I]n Apollonia war Augustus einmal in Begleitung Agrippas auf die Sternwarte des Astrologen Theogenes gestiegen. Als nun hier Agrippa, der den Astrologen zuerst befragt hatte, große, fast unglaubliche Dinge geweissagt bekam, verschwieg Oktavian selbst hartnäckig seine Geburtsstunde und wollte sich nicht zu ihrer Angabe verstehen, und zwar aus Furcht und Scham, sie möchte sich als minder bedeutungsvoll herausstellen. Kaum aber hatte er sie auf vieles Zureden ungern und zögernd angegeben, als Theogenes aufsprang und ihm voller Verehrung zu Füßen fiel. Seitdem hatte Augustus so großes Vertrauen auf seinen Stern, dass er das Zeichen, in welchem er geboren war, öffentlich bekannt machte und eine silberne Münze mit dem Bilde des Steinbocks schlagen ließ.«[17]

Der Steinbock erscheint tatsächlich auf verschiedenen Münzen, die unter Augustus geprägt wurden. Eine in Spanien hergestellte Münze zeigt eine Ziege mit zwei Hörnern, die zwischen den Vorderläufen einen Globus hält, und darunter

Abb. 9 Steinbock mit der Inschrift »Augustus«
(Denar aus Spanien, ca. 17–15 v. Chr.)

die Inschrift »Augustus«. Auch einige Standarten der römischen Legionen versah Augustus mit dem Zeichen des Steinbocks. Wie der Altphilologe J. R. Fears erläutert,[18] sollte der Steinbock bedeuten, dass Augustus durch die Gunst der Götter regierte und von ihnen für die Herrschaft über die Welt auserwählt war.

Vom Tier mit den Hörnern eines Lammes wird gesagt, es habe wie ein Drache geredet. Der Drache symbolisiert die Beziehung des Augustus zu Apollo.[19] Laut Cassius Dio erwählte Julius Cäsar Oktavian zu seinem Nachfolger, weil Atia, die Mutter des Augustus und die Nichte Cäsars, diesem erzählt hatte, sie habe Augustus vom Gott Apollo empfangen:

> »Großen Einfluss übte dabei auf ihn Atias nachdrückliche Erklärung, sie habe das Kind von Apollo empfangen; denn als sie einmal im Tempel schlief, meinte sie, wie sie sagte, mit einer Schlange Verkehr zu haben, und dies war der Grund, dass sie am Ende der entsprechenden Zeit einen Sohn gebar.«[20]

51

Sueton, der ebenfalls diese Geschichte in seinem Werk *Vitae Caesarum* berichtet, fügt hinzu, nach dem Vorfall im Tempel habe sich auf Atias Körper ein »Flecken gezeigt, der wie eine große Schlange aussah«.[21] Der Drache steckt auch in dem Beinamen »pythisch«, den Apollo führte und den er sich erwarb, als er Python, den schrecklichen Drachen, der in der Höhle von Delphi lebte, erlegte.[22]

Die Legende von der wunderbaren Geburt des Augustus tauchte erstmals in einem Epigramm auf, das Domitius Marsus, ein mit dem Herrscher befreundeter Dichter, verfasste.[23] Nach seinem Sieg in der Seeschlacht bei Aktium, die in der Nähe des dortigen Apollontempels ausgetragen wurde, sah man Augustus und Apollo noch enger miteinander verknüpft. Der zeitgenössische Dichter Propertius schilderte den Gott Apollo, wie er auf dem Schiff des Augustus stand und seine Pfeile gegen die Schiffe Kleopatras sandte.[24] Nach seinem Sieg errichtete Augustus in der Nähe seiner Residenz auf dem Palatin in Rom für Apollo einen prächtigen Tempel.[25] Auf einer Säule in der Nähe dieses Tempels stellte man eine Statue des Gottes auf, die Ähnlichkeit mit Augustus hatte;[26] auf Münzen, die nach der Schlacht bei Aktium in Kleinasien geprägt wurden, ist Augustus als der Gott Apollo wiedergegeben.[27]

Das Tier mit den beiden Lammhörnern, das wie ein Drache redete, war Augustus, der sich selbst als Apollo darstellte. Der Gott Apollo war bekannt für seine prophetische Gabe, die sich am markantesten im Orakel von Delphi kundtat. Die Fähigkeit zu Weissagungen schrieb man auch dem Augustus zu.[28] Der Autor des Buches der Offenbarung wandte sich mit seiner Vision gegen die Augusteische Propaganda und machte Augustus den Vorwurf, mit seiner Drachen-

Abb. 10 Die apollinische Schlange
windet sich um den Dreifuß

sprache kein wahrer, sondern ein falscher Prophet zu sein. Der weissagende Drache war Python,[29] die Riesenschlange von Delphi, die Apollo erlegte. Während Augustus den Mythos des Apollo nutzte, um an der Göttlichkeit des Gottes teilzuhaben, verwendete der Autor der Offenbarung denselben Mythos, um Augustus als Ungeheuer und Drache darzustellen.[30] In der Vision bringt das zweite Tier die Bewohner der Erde dazu, das Bild des ersten Tieres anzubeten. (Off. 13,12) Wie von R. H. Charles ausführlich dargelegt,[31] repräsentiert das erste Tier das Römische Reich. Eines seiner Häupter empfängt eine tödliche Wunde, aber das Tier überlebt. Diese tödliche Wunde wird dem Römischen Reich von den Verschwörern zugefügt, die Julius Cäsar ermorden.[32] Das Reich aber erholt sich von dem Schlag und beherrscht auch weiterhin die Welt. Das Bild des ersten Tieres, das der falsche Prophet die Bewohner der Erde anhält anzubeten, stellt also das Römische Reich dar. Dies macht Sueton[33] deutlich, der berichtet, Augustus habe angeordnet, in den zu seinen Ehren errichteten Tempeln neben dem Standbild des Kaisers die Statue der Göttin Roma, Sinnbild des Römischen Reiches, aufzustellen. Augustus war der falsche Prophet des kaiserlichen Kultes um die Statue der Roma.

Die Vision der zwei Tiere in Kapitel 13 der Offenbarung des Johannes wie auch das Orakel des Hystaspes kämpften gegen die Propaganda an, die Augustus als einen Herrscher mit göttlichen Attributen[34] darstellte, und gegen den damals existierenden Kaiserkult.[35] Hystaspes kritisierte Augustus und warf ihm vor, einen Kult ins Leben gerufen zu haben, der ihn als Gott und als »Sohn Gottes« verehrte, während die Offenbarung des Johannes das zweite Element des Kaiserkults angriff – die Anbetung der Göttin Roma, des sinnbildlichen Römischen Reiches.

Die Tötung der beiden Messiasgestalten und ihre anschließende Wiederauferstehung

Das Orakel des Hystaspes kündigte die Ankunft eines großen Propheten an:

»Wenn die Zeit gekommen ist, wird ein großer Prophet von Gott gesandt, um die Menschen dem Wissen von Gott zuzuwenden. Und ihm wird die Macht gegeben, Wunder zu wirken. Sooft die Menschen ihr Ohr vor ihm verschließen, verschließt er den Himmel und lässt ihn den Regen zurückhalten; er wird Wasser in Blut verwandeln [...] und wenn sich jemand vermisst, ihm ein Leid anzutun, wird Feuer aus seinem Munde fahren und den Betreffenden verbrennen. Durch diese Zeichen und Wunderkräfte wird er viele der Anbetung Gottes zuwenden.«[36]

Der zweite König, der »Sohn Gottes«, der als falscher Prophet erscheint, werde Krieg gegen den Propheten Gottes führen und ihn ermorden:

»Er wird wider den Propheten Gottes streiten und ihn überwinden und ermorden und zulassen, dass er unbestattet liegen bleibt, aber nach dem dritten Tag wird er ins Leben zurückkehren; und während alle schauen und staunen, wird er zum Himmel entführt.«[37]

Der falsche Prophet, der »Sohn Gottes« ist Augustus. Hystaspes behauptet also, Augustus, der falsche Prophet, habe den wahren, gottgesandten Propheten bekämpft und umgebracht. Augustus habe dann verhindert, dass der Leichnam des wahren Propheten bestattet wurde, aber nach drei Tagen sei dieser Prophet wieder auferstanden und gen Himmel gefahren.

Eine parallele Überlieferung findet man in der Geschichte von den zwei Zeugen in Kapitel 11 der Offenbarung des Johannes. Die gleichen Wunder, die Hystaspes den Propheten Gottes vollbringen sieht, werden hier den zwei Zeugen zugeschrieben.[38] Das schließliche Schicksal der zwei Zeugen ähnelt dem des Propheten:

»Und wenn sie ihr Zeugnis geendet haben, so wird das Tier, das aus dem Abgrund aufsteigt, mit ihnen Krieg führen und wird sie überwinden und wird sie töten.

Und ihre Leichname werden liegen auf der Gasse der großen Stadt, die da geistlich heißt: Sodom und Ägypten, wo auch ihr Herr gekreuzigt ist.

Und es werden etliche aus den Völkern und Geschlechtern und Sprachen und Nationen ihre Leichname sehen drei Tage und einen halben und werden ihre Leichname nicht lassen ins Grab legen. [...]

Und nach drei Tagen und einem halben fuhr in sie der Geist des Lebens von Gott, und sie traten auf ihre Füße; und eine große Furcht fiel auf alle, die sie sahen.

Und sie hörten eine große Stimme vom Himmel zu ihnen sagen: ›Steiget herauf!‹ Und sie stiegen auf in den Himmel in einer Wolke, und es sahen sie ihre Feinde.«
(Off. 11,7–9,11–12)

In den wesentlichen Punkten stimmen die beiden Berichte überein. Der Hauptunterschied besteht darin, dass Hystaspes von einem einzigen Propheten redet, während die Offenbarung des Johannes von zwei weissagenden Zeugen spricht.[39] Die zwei Zeugen werden als zwei Olivenbäume beschrieben, die vor dem »Herrn der Erde« stehen. (Off. 11,4). Das greift unüberhörbar die Terminologie von Sacharja (Off. 4,11, 4,14) auf: »Und ich antwortete und sprach zu ihm: Was sind die zwei Ölbäume […]? […] Und er sprach: Es sind die zwei Gesalbten, welche stehen bei dem Herrscher aller Lande.« »Zwei Olivenbäume« und »zwei Gesalbte« deuten auf zwei Messiasgestalten, die mit Öl gesalbt sind. Der Prophet Sacharja bezog sich hier auf die beiden Führer seiner Zeit, der Zeit der Rückkehr des jüdischen Volkes aus der babylonischen Gefangenschaft: auf den königlichen Messias Serubabel, Sohn des Sealthiel, und den priesterlichen Messias Jesua, Sohn des Jozadak. Vor diesem Hintergrund liegt die Vermutung nahe, dass auch die zwei Zeugen in der Offenbarung des Johannes zwei messianische Führer sind: ein königlicher und ein priesterlicher Messias.[40]

Hystaspes zufolge wird der Prophet Gottes durch den »Sohn Gottes«, in dem wir Augustus erkannt haben, getötet. In der Offenbarung des Johannes fallen die zwei Zeugen oder Messiasgestalten[41] einem Tier zum Opfer, »das aus dem Abgrund *(abyssos)* aufsteigt« (Off. 11,7) – auch dies eine weitere Bezeichnung für Augustus und sein Heer.[42]

Nach der Offenbarung des Johannes kommen die zwei Zeugen oder Messiasgestalten in einer Schlacht in den Gassen Jerusalems um.[43] Wann fand diese Schlacht statt?

In den ersten beiden Versen von Kapitel 11 der Offenbarung des Johannes, unmittelbar bevor von den zwei Zeugen berichtet wird, lesen wir:

»Und es ward mir ein Rohr gegeben, einem Messstab gleich, und er sprach: ›Stehe auf und miss den Tempel Gottes und den Altar und die darinnen anbeten.
Aber den Vorhof außerhalb des Tempels lass weg und miss ihn nicht, denn er ist den Heiden gegeben [...].‹«

Wir entnehmen dem, dass bei der Schlacht, in der die zwei Zeugen umkamen, die römischen Soldaten in den Hof des Tempels eindrangen, während der Tempel selbst sowie der Altar unangetastet blieben. Das liefert uns einen Hinweis auf den genauen Zeitpunkt des Ereignisses.
König Herodes, der in Israel als Schützling der Römer herrschte, starb im Jahr 4 v. Chr.; nach seinem Tod brach im Land ein großer Aufstand los.[44] Er richtete sich gegen den Nachfolger des Herodes, Archelaus, und gegen das römische Heer, das ihn stützte. Während des Aufstands drangen römische Soldaten in den Hof des Tempels ein, plünderten sein Schatzhaus und steckten die äußeren Kammern des Hofes in Brand,[45] drangen aber nicht in den Tempel selbst beziehungsweise in die inneren Räumlichkeiten um den Altar vor. Das entspricht haargenau den Eingangsversen von Kapitel 11 der Offenbarung des Johannes, wo wir lesen, die Heiden würden den Vorhof des Tempels, nicht aber das Innere oder den Altar zertreten.[46]
Der Aufstand wurde von Quintilius Varus, dem Statthalter des Augustus in Syrien, brutal niedergeschlagen.[47] Varus traf aus Syrien[48] mit zwei Legionen und einigen Hilfstruppen ein. Die Soldaten seines Heeres verwüsteten das Land und taten Frauen Gewalt an;[49] Varus kreuzigte 2000 der Rebellen, während er andere gefangen nahm und in die Sklaverei verkaufte.[50] Die Juden gaben dem römischen Cä-

sar Augustus die Schuld an der brutalen Niederschlagung des Aufstands und dem Brand im Vorhof des Tempels. Diese Schuldzuweisung wird aus zwei Versen des pseudoepigraphischen Werkes *Mosis Himmelfahrt* deutlich, wo die Unterdrückung des Aufstands folgendermaßen beschrieben wird:

> »In ihre *Gebiete* werden *Kohorten* und ein mächtiger König des Westens kommen, *der* sie besiegen wird: und er wird sie gefangen nehmen und ihren Tempel zum Teil durch Feuer zerstören (und) wird etliche im Umkreis ihrer Siedlung kreuzigen.«[51]

Der mächtige König, der aus dem Westen kam, war Augustus, der hier als grausamer Scharfrichter dargestellt wird.[52] In den Augen der Juden war er verantwortlich für die Taten seines Statthalters und der Soldaten, die dieser ins Feld führte. Vor diesem Hintergrund verstehen wir auch, warum in den Quellen, mit denen wir uns beschäftigt haben, von Augustus ein so hasserfülltes Bild gezeichnet wird.

Das Orakel des Hystaspes spricht von der Tötung des »Propheten Gottes«, während die Offenbarung des Johannes von der Tötung zweier Messiasgestalten berichtet. Wie lässt sich diese Differenz zwischen den beiden Quellen erklären? Wie es scheint, war einer der beiden messianischen Führer angesehener als der andere. Hystaspes erwähnt nur den einen, der das größere Ansehen genoss, und nennt ihn den »Propheten Gottes«, um ihn dem »Lügenpropheten« Augustus entgegenzusetzen.

In beiden Quellen treffen wir auf Motive, die uns aus den Schriften vom Toten Meer vertraut sind. Hystaspes beschreibt, wie der falsche Prophet und sein Heer vom Schwert

Gottes, das vom Himmel herabkommt, vernichtet werden. Diese Beschreibung findet ihre Parallele in der Schilderung von Herev-El (dem Schwert Gottes) in der Schriftrolle, die vom Krieg zwischen den Söhnen des Lichtes und den Söhnen der Finsternis handelt.[53] Die Offenbarung des Johannes enthält die Geschichte von den zwei messianischen Zeugen. Die Schriften vom Toten Meer kennen zwei Messiasgestalten: einen priesterlichen und einen königlichen Messias.[54]

Wir können annehmen, dass die Überlieferung, die den Tod des Propheten beziehungsweise der Messiasgestalten betrifft, von Mitgliedern der Qumran-Sekte oder eines ihr nahe stehenden Kreises stammt. Demnach hat es den Anschein, als hätten die messianischen Führer, von deren Tod in den diskutierten Quellen die Rede ist, zur Qumran-Sekte gehört.

Die zwei im Jahr 4 v. Chr. ums Leben gekommenen messianischen Führer waren mit Sicherheit in der Zeit davor aktiv – mit anderen Worten während der Regierungszeit des Königs Herodes (37–4 v. Chr.). Wie gesehen, wurden alle vier Abschriften der messianischen Hymnen in eben diesem Zeitraum verfasst. Wir dürfen deshalb annehmen, dass es sich bei dem Sprecher der messianischen Hymnen aus Qumran um eine dieser beiden Messiasgestalten handelt.

Es stellt sich nur die Frage: um welche – um den königlichen oder um den priesterlichen Messias? Der Sprecher der Hymnen weist keine priesterlichen Attribute auf; vielmehr erklärt er, auf »einem mächtigen Thron« zu sitzen und erwähnt eine Krone.[55] Von daher dürfen wir vermuten, dass es sich um den königlichen Messias handelt. Es gab aber auch noch den anderen »Ölbaum«, einen priesterlichen Messias.

Ein Blick auf den durchbohrten Messias

Die messianischen Hymnen sprechen dafür, dass die Mitglieder der Qumran-Sekte einige Jahre lang die Zeit der Erlösung für gekommen hielten. Sie glaubten, ein neues Zeitalter habe begonnen, in dem alle Trauer verschwunden sei und Licht und Freude herrsche. Die Wirklichkeit indes strafte diese Überzeugung Lügen. Ihr messianischer Führer wurde von den römischen Soldaten ermordet und sein Leichnam wie der eines Verbrechers drei Tage lang unbestattet auf der Gasse liegen gelassen.[56]
Wir haben keine historischen Quellen, die schildern, was die Mitglieder der Qumran-Sekte empfanden, als sie den durchbohrten Leib des Messias auf der Gasse liegen sahen. Wir können uns hier aber mit einem historisch vergleichbaren Fall behelfen. Wir können uns an Gershom Scholems Ausführungen über die Krise halten, in die sich die Jünger von Schabbetai Zevi, einem jüdisch-messianischen Führer aus dem 17. Jahrhundert, gestürzt sahen, als ihr Meister vom Judentum abfiel und zum Islam übertrat. Keine Frage, dass die Empfindungen, welche die Anhänger des Messias von Qumran diesem gegenüber im Jahr 4 v. Chr. hegten, denen der Anhänger Schabbetai Zevis vor dessen Konversion glichen:

»Sie sollten in vollkommener Einfalt glauben, dass ein neues Zeitalter anbrach und dass sie selbst bereits in einer neuen und erlösten Welt zu leben begonnen hatten. Solch ein Glaube musste diejenigen, die ihm anhingen, zutiefst prägen: ihr innerstes Empfinden, das sie der Gegenwart der messianischen Wirklichkeit versicherte, schien in vollständigem Einklang mit dem äußeren Gang der Ereignisse zu stehen.«

Als die Mitglieder der Qumran-Sekte feststellen mussten, dass die Vorgänge des Jahres 4 v. Chr. ihrer Gewissheit über die bevorstehende Erlösung ins Gesicht schlugen, stürzten sie in eine Krise. Eine ähnliche Situation schildert Gershom Scholem:

> »[Z]um ersten Mal brach zwischen den beiden Ebenen des Erlösungsdramas, zwischen dem subjektiven Erleben einerseits und der Objektivität der historischen Fakten andererseits, ein Widerspruch auf [...] Vor allem waren die ›Gläubigen‹, die ihrer inneren Erfahrung die Treue hielten, gezwungen, eine Antwort auf die einfache Frage zu finden, worin der Sinn einer historischen Realität bestehen mochte, die sich als so bitter enttäuschend erwiesen hatte, und wie sie sich mit den Hoffnungen vereinbaren ließ, die sie vereitelt hatte.«[57]

Die Antwort auf diese Frage lässt sich vorzugsweise in den beiden Quellen finden, in denen der Tod des Messias geschildert wird: im Orakel des Hystaspes und in Kapitel 11 der Offenbarung des Johannes.

Diesen Quellen lässt sich entnehmen, dass die Gläubigen einen wichtigen Schlüssel zum Verständnis der Katastrophe im Buch Daniel fanden. Die Vision vom vierten Tier in Kapitel 7 des Buches Daniel deuteten sie als Prophezeiung, die sich auf Augustus und das Römische Reich bezog: das Römische Reich unter Augustus war dieses Tier, das die ganze Erde verschlang und zertrat.[58]

Daniel sah das vierte Tier »kämpfen gegen die Heiligen, und es behielt den Sieg über sie«.[59] (Dan. 7,21) Die Gläubigen lasen aus diesem Vers die Ankündigung der kriegerischen Auseinandersetzung zwischen den Anhängern des Messias und den Soldaten des Augustus.[60] Ihrer Interpretation zufolge wurde der Sieg des römischen Heeres über die »Heiligen« (den Messias und seine Anhänger) durch die Heilige Schrift vorausgesagt.[61] Eine andere Stelle in der Heiligen Schrift, die herangezogen wurde, um dem tragischen Schicksal des Messias einen Sinn zu geben, war ein Vers aus Sacharja (12,10): »[...] Und sie werden mich ansehen, den sie durchbohrt haben [...]«[62] Diesen Vers bezog man auf den Messias, dessen durchbohrter Leichnam drei Tage lang in der Gasse liegen blieb, auf dass ihn jeder sehen konnte.[63]

Wir haben im ersten Kapitel gesehen, wie der Messias die Schilderung des »leidenden Knechtes« aus Jesaja (53,3–4) für sich in Anspruch nimmt:

> »Er war der Allerverachtetste und Unwerteste, voller Schmerzen und Krankheit. Er war so verachtet, dass man das Angesicht vor ihm verbarg; darum haben wir ihn für nichts geachtet.
> Fürwahr, er trug unsere Krankheit und lud auf sich unsere Schmerzen. Wir aber hielten ihn für den, der geplagt und von Gott geschlagen und gemartert wäre.«

Nach dem Tod des Messias gewannen diese Verse ohne Frage einen völlig neuen Sinn. Die Tatsache, dass der Leichnam des Messias wie der eines Verbrechers behandelt worden war, konnte man nun mit der folgenden Passage aus demselben Kapitel von Jesaja erklären:

»Und man gab ihm sein Grab bei Gottlosen und bei Übeltätern, als er gestorben war, wiewohl er niemand Unrecht
getan hat und kein Betrug in seinem Munde gewesen ist.
[...]
Darum will ich ihm die Vielen zur Beute geben, und er soll
die Starken zum Raube haben, dafür dass er sein Leben in
den Tod gegeben hat und den Übeltätern gleich gerechnet
ist und er die Sünde der Vielen getragen hat und für die
Übeltäter gebeten.« (Jes. 53,9,12)

Nach dem Tod des Messias schufen also diejenigen, die an
ihn glaubten, eine »Katastrophenlehre«.[64] Die Verwerfung
des Messias, seine Erniedrigung und sein Tod galten als notwendige Stadien im Erlösungsprozess, die Weissagungen
der Heiligen Schrift entsprachen. Die Jünger des erniedrig-
ten und durchbohrten Messias glaubten, er werde nach drei
Tagen auferstehen und schließlich als Erlöser, Sieger und
Richter wieder auf Erden erscheinen.
Daniel weissagte, das vierte Tier werde vernichtet und das
Königreich dem »Menschensohn« gegeben, den Daniel auf
einem himmlischen Thron sitzen und mit den Wolken des
Himmels kommen sah.[65]
Die Jünger und Anhänger des qumranischen Messias glaubten, dass er nach drei Tagen wieder auferstanden und in
einer Wolke zum Himmel gefahren sei.[66] Er sitze nun im
Himmel so, wie er sich selbst in seiner Vision geschildert
hatte: auf »einem mächtigen Thron in der Versammlung
der Engel«. Schließlich werde er wiederkommen und, umringt von Engeln, in den Wolken des Himmels hernieder-
steigen.[67]
Dann sei die Zeit für den Sturz des vierten Tieres, also

Roms, gekommen, und Daniels Vision vom »Menschensohn« werde durch den Messias ihre Erfüllung finden.

Der Messias von Qumran und Jesus

Das genaue Geburtsdatum Jesu ist unbekannt. Man nimmt an, dass er vor Beginn unserer Zeitrechnung zur Welt kam,[68] mit anderen Worten um die Todeszeit des Messias von Qumran. Von einem persönlichen Kontakt zwischen diesem Messias und Jesus lässt sich deshalb nicht ausgehen. Gleichzeitig glaube ich aber, dass die Gestalt des qumranischen Messias und die mit ihr verknüpfte messianische Ideologie einen tief greifenden Einfluss auf Jesus und die Ausbildung des christlichen Messianismus ausübte.

Jesus kam aus Galiläa. Gewisse Aspekte seiner Persönlichkeit lassen sich aus der spirituellen Beschaffenheit des Milieus erklären, in dem er aufwuchs.[69] In seiner Rolle als Wunderwirker und Krankenheiler ähnelte Jesus den galiläischen Chassidim seiner Zeit, die sich wie er auf diesen Gebieten engagierten.[70] Auch das Moralbewusstsein Jesu findet in den Erzählungen von galiläischen Chassidim und in den Aussprüchen Hillels eine Parallele.[71] Die Gleichnisse Jesu fallen ebenfalls nicht aus dem Rahmen seiner Zeit und Heimatregion.[72] Sein Messianismus allerdings – das wichtigste Element der Persönlichkeit Jesu, wie sie uns das Neue Testament schildert – lässt sich aus den galiläischen Traditionen nicht erklären. Die galiläischen Chassidim waren keine messianischen Führer, und keine einzige Überlieferung bringt sie mit derartigen Phänomenen in Zusammenhang.

Wollen wir den Messianismus Jesu verstehen, müssen wir uns darüber klar werden, dass er – zusätzlich zu den religiösen und spirituellen Eigentümlichkeiten, die er aus seiner Heimatregion übernahm und in seiner Jugend durch Erziehung erwarb – in seinen späteren Jahren auch unter dem Einfluss einer anderen religiösen Tradition stand, der er seine messianische Lehre verdankte. Ich möchte nun zeigen, wie sehr die messianische Vorstellung Jesu von der Begegnung mit denen geprägt war, die das Erbe des Messias von Qumran hüteten.[73]

Wir haben keinen Anlass, uns mit den Wundern zu beschäftigen, die Jesus wirkte, mit den Gleichnissen, die er erzählte, oder mit seinen moralischen Lehren. All das erwuchs, wie gesagt, aus galiläischen und Hillelschen Traditionen; nichts davon steht in irgendeiner Verbindung mit dem Erbe von Qumran. Vielmehr müssen wir unser Augenmerk auf die Christologie Jesu richten – das heißt auf seine messianischen Eigenschaften, die uns in den Evangelien geschildert werden.

Das Geheimnis Jesu

Nachdem Jesus während seiner Taufe durch Johannes die Stimme vom Himmel gehört hatte, behielt er das Wissen von seiner messianischen Mission für sich und verriet niemandem etwas davon. Das Markusevangelium beschreibt uns, wie er seine Jünger erstmals in das Geheimnis einweihte (Mark. 8,27, 29–31):[74]

»Und er sprach zu ihnen: ›Ihr aber, wer saget ihr, dass ich sei?‹ Da antwortete Petrus und sprach zu ihm: ›Du bist der Christus!‹
Und er bedrohte sie, dass sie niemand von ihm sagen sollten.
Und er hob an, sie zu lehren: Des Menschen Sohn muss viel leiden und verworfen werden von den Ältesten und Hohen Priestern und Schriftgelehrten und getötet werden und nach drei Tagen auferstehen.«

Diese Geschichte wirft eine Reihe von Fragen auf: Betrachtete sich Jesus als den »Menschensohn«? Wenn ja, warum sprach er dann von ihm in der dritten Person? War Jesus im Stande, seine Verwerfung, seinen Tod und seine Auferstehung vorauszusehen?
Wie gesehen, ging die Haupttendenz in der Neutestamentarischen Forschung mehr als ein Jahrhundert lang dahin, die historische Echtheit dieser Geschichte zu bestreiten. Jesus, so wird behauptet, betrachtete sich nicht als den Messias und wurde auch nicht von seinen Jüngern als solcher angesehen. Er konnte seine Passion, seinen Tod und seine Auferstehung nicht vorhersehen, und folglich wurde ihm die Voraussage dieser Ereignisse zu einem späteren Zeitpunkt in den Mund gelegt. In Bultmanns Worten: »Die Szene des *Messiasbekenntnisses des Petrus* bietet keinen Gegenbeweis – im Gegenteil! Denn sie ist eine von Markus in das Leben Jesu zurückprojizierte Ostergeschichte [...]«[75] Laut Bultmann sind alle Vorhersagen Jesu, die seine kommende Passion und Wiederauferstehung betreffen, spätere Hinzufügungen, da »das Judentum die Vorstellung eines leidenden, sterbenden und auferstehenden Messias oder ›Menschensohnes‹ nicht kannte«.[76]

Eine ähnliche Ansicht vertritt gegenwärtig G. Vermes, ein angesehener Fachmann für das Studium der Schriftrollen vom Toten Meer und des Neuen Testaments, wenn er schreibt: »[W]eder das Leiden des Messias noch sein Tod und seine Auferstehung scheinen im 1. Jahrhundert Bestandteil des jüdischen Glaubens gewesen zu sein.«[77]

Unsere Untersuchung hat gezeigt, dass dieses Urteil nur teilweise richtig ist. Es trifft zwar in der Tat auf den Großteil der Juden zu Beginn des 1. Jahrhunderts n. Chr. zu, nicht aber auf die Jünger des qumranischen Messias. Diese Gruppe reagierte auf das Trauma des Jahres 4 v. Chr. damit, dass sie ein messianisches Katastrophenmodell schuf, das sie mit Versen aus dem Alten Testament begründete. Die Mitglieder der Gruppe hielten das Leiden, den Tod und die Auferstehung des Messias für eine notwendige Voraussetzung der Erlösung.

Zu seinen Lebzeiten sah sich der Messias von Qumran als eine Kombination aus dem »Menschensohn«, der im Himmel thront, und dem »leidenden Knecht«, der alle Schmerzen trägt. Wie wir sahen, bezog dieser Messias die Rede vom »Allerverachtesten und Unwertesten« aus Kapitel 53 des Jesaja auf seine Person. Es gibt also klare Belege dafür, dass die Idee vom leidenden Messias bereits eine Generation vor Jesus existierte.

Laut Hystaspes fand die Auferstehung des großen Propheten, in dem wir den Messias von Qumran erkannt haben, »nach dem dritten Tage« statt.[78] Wie bereits angemerkt, stand der Glaube an ein dreitägiges Intervall zwischen Tod und Auferstehung des Messias in einem Zusammenhang mit der Tatsache, dass die Römer die Bestattung seines Leichnams drei Tage lang untersagten und diesen in der Gasse liegen ließen, damit jedermann sehen konnte, was mit ihm geschehen war.

Jesus erwartete, dass dem »Menschensohn« ein ähnliches Schicksal wie das des qumranischen Messias beschieden sein würde. Er sagte voraus, der »Menschensohn« werde den Tod erleiden – so, wie der Messias von Qumran durch die römischen Soldaten umgebracht worden war. Und er erwartete, dass der »Menschensohn« nach drei Tagen auferstehen werde – so, wie man vom qumranischen Messias glaubte, dass er »nach dem dritten Tag« auferstanden war.[79]

Die Nacht
in Gethsemane

Die messianische Sendung Jesu war deshalb eine Reise hin zu einem bekannten Ziel, das Leiden und Tod hieß. Gemäß der Vorstellung, die ihm die Jünger des qumranischen Messias vermittelt hatten, bildeten das Leiden und der Tod des Messias einen unabdingbaren Bestandteil der messianischen Bestimmung. Solch eine Bestimmung auf sich zu nehmen, war natürlich eine schwere Aufgabe, und wie es scheint, schlug sich dies in der Tatsache nieder, dass Jesus von sich in der dritten Person redete, wenn er sich als den »Menschensohn« bezeichnete.

Die Härte des Loses, das er auf sich nahm, findet ihren dramatischen Ausdruck im Bericht von der letzten Nacht im Leben Jesu. Nach dem Abendmahl ging Jesus mit seinen Jüngern in den Garten Gethsemane. Dort überkam ihn tiefe Schwermut:

»Und er nahm mit sich Petrus und Jakobus und Johannes
und fing an zu zittern und zu zagen
und sprach zu ihnen: ›Meine Seele ist betrübt bis an den
Tod; bleibet hier und wachet.‹
Und ging ein wenig weiter, fiel auf die Erde und betete,
dass, so es möglich wäre, die Stunde an ihm vorüberginge,
und sprach: ›Abba, mein Vater, es ist dir alles möglich;
nimm diesen Kelch von mir; doch nicht, was ich will, sondern was du willst.‹« (Mark. 14,33–36)[80]

Der innere Kampf in der Seele Jesu war nun auf seinem
Höhepunkt angelangt. Jesus spürte, dass die Zeit gekommen
war, seine messianische Sendung zu erfüllen – was mit Sicherheit Leiden und Tod bedeutete. Da sein Lebenswille gegen solch ein furchtbares Schicksal aufbegehrte, bat er seinen allmächtigen Vater, ihm dies bittere Los zu ersparen.
Gleichzeitig aber unterwarf er sich der in seinen Augen
gottgewollten Bestimmung und opferte seinen Willen dem
Gottes. So wandelte er in den Spuren seines Vorgängers, des
»leidenden Knechtes« der Schriftrollen vom Toten Meer.

3. Ein anderer Messias

In diesem Kapitel möchte ich versuchen, den Messias, der Jesus vorausging, historisch zu identifizieren. Meine Überlegungen gründen auf der Annahme, dass es sich bei den Menschen von Qumran um die Essener handelt, die wir aus den Schriften des Josephus Flavius und des jüdischen Philosophen Philo von Alexandria kennen.[1] Die meisten Wissenschaftler, die sich mit der Literatur vom Toten Meer beschäftigen, schließen sich dem an. Obwohl sie meiner Ansicht nach höchstwahrscheinlich zutrifft, fehlt dieser Annahme die definitive empirische Bestätigung. Die folgenden Erörterungen stehen und fallen mit ihrer Überzeugungskraft.

Auch die historische Identität, die ich für den Messias von Qumran vorschlagen möchte, ist nicht mehr als eine Hypothese. Der fragmentarische, problematische Charakter der Quellen, die für die historische Person, in der ich den qumranischen Messias erkennen möchte, einschlägig sind, erlaubt uns nicht, die Frage eindeutig und unanfechtbar zu entscheiden.

Ich möchte indes hervorheben, dass die Geltung der Hauptthese dieses Buches nicht davon abhängt, ob man die Überlegungen im vorliegenden Kapitel akzeptiert oder nicht. Meine Behauptung, dass die Verbindung von Göttlichkeit und Leiden, wie sie sich in den messianischen Hymnen findet, den aufkommenden christlichen Glauben beeinflusste, behält ihre Gültigkeit, selbst wenn es uns nicht gelingt, die handelnde Person der Hymnen zu identifizieren und die exakten historischen Gründe ausfindig zu machen, denen die von dieser Person geführte messianische Bewegung ihre Entstehung verdankte. Wer die Gleichsetzung der Qumran-Sekte mit den Essenern ablehnt und deshalb auch die darauf gestützte These zur historischen Identität des Messias zurückweist, muss sich dessen ungeachtet immer noch mit der Hauptthese dieses Buches auseinandersetzen.

Menachem, der Geliebte des Königs

Die erste der beiden messianischen Hymnen, die sich in der Loblieder-Rolle finden, stellt eine Art Selbstporträt des messianischen Helden dar. Die Wechselfälle der Zeit haben diesem Bild zugesetzt: Teile von ihm fehlen, die Farben sind verblichen. Wenn wir aber diesen messianischen Helden als historische Person identifizieren wollen, dann müssen wir uns die Bruchstücke des Porträts, die sich in der Hymne finden, sorgfältig ansehen.

Aufschlussreiche Informationen über die Person indes lassen sich der Art und Weise entnehmen, wie er seine Nähe zu Gott und seinen Platz unter den Engeln schildert. Er bezeichnet sich als »den Geliebten des Königs«[2] und fügt hinzu: »Mein Ruhm [wird] mit dem der Söhne des Königs [gerechnet].«[3] Hier handelt es sich natürlich um metaphorische Ausdrücke: der König ist in diesem Zusammenhang Gott,[4] und die Söhne des Königs sind die Engel. Die bloße Tatsache allerdings, dass solche Ausdrücke verwendet werden, verlangt nach einer Erklärung: der Titel »der Geliebte des Königs« ist eine ungewöhnliche Art, das Verhältnis zu

Gott zu beschreiben,[5] und wenn die Engel als »Söhne des Königs« bezeichnet werden, dann ist das ohne Parallele.[6] Was bewog den messianischen Helden, solch ungewöhnliche Ausdrücke zu wählen? Die Annahme, dass sich in diesen Metaphern ein persönliches Erleben des Verfassers der Hymnen widerspiegelt, ist gewiss nicht aus der Luft gegriffen. Allem Anschein nach gehörte der messianische Führer zum Hof eines weltlichen Königs. An diesem Hof verkehrten Menschen, die als Freunde des Königs galten, und zu diesen Freunden zählten auch dessen Söhne. Weiteren Aufschluss über den Sprecher der Hymnen liefert uns seine prahlerische Äußerung: »Wer kann es mit mir aufnehmen und sich gleichstellen mit meinem Urteil?«[7]

Auf der Grundlage dieser Informationen können wir uns von dem messianischen Führer ein gewisses Bild machen: Wir dürfen davon ausgehen, dass er mit einem König befreundet war, mit dessen Söhnen verkehrte und richterliche Funktionen ausübte.

Beginnen wir unsere Nachforschungen darüber, wer der messianische Führer war, mit der Frage nach seinem königlichen Freund. Wer war dieser König?

König Herodes ahmte in vielfacher Hinsicht die hellenistischen Herrscher seiner Zeit nach. Wie diese hatte er an seinem Hof eine Reihe von Beratern und hohen Beamten, die als »Freunde« oder »Geliebte«[8] bezeichnet wurden und von denen er etliche seinen Söhnen als Berater zur Seite stellte.[9] Die Freunde fungierten auch als Richter in Sondergerichten, die Herodes einsetzte.[10] Die Metaphern, die in den messianischen Hymnen aus Qumran auftauchen, könnten also durchaus im Hof des Herodes ihren Bezugspunkt haben.

73

Wie sah die Beziehung des Herodes zu den Mitgliedern der Qumran-Sekte aus? Kennen wir Mitglieder der Sekte, die zu den Gästen an seinem Hof zählten?

Die meisten Gelehrten, die sich mit den Schriftrollen vom Toten Meer beschäftigen, gehen, wie gesagt, davon aus, dass die Qumran-Sekte mit den Essenern identisch ist. Flavius Josephus schildert in seinen Schriften, wie viel Sympathie und Hochachtung Herodes für die Essener empfand. Als Grund für diese Sympathie gibt er das besondere Verhältnis an, das Herodes zu dem Essener Menachem unterhielt. Betrachten wir zuerst die Geschichte, wie sie uns Josephus erzählt:

> »Hier mag es nicht unpassend sein, darüber zu reden, weshalb Herodes den Essenern eine so ungewöhnliche Vergünstigung gewährte, zumal daraus hervorgeht, wie man überhaupt in jener Zeit von ihnen dachte.
>
> Ein gewisser Essener mit Namen Menachem, der wegen der Ehrbarkeit seines Lebenswandels in gutem Ruf stand und von Gott mit der Gabe, die Zukunft vorherzusehen, ausgestattet war, blickte eines Tages den Herodes, da dieser noch ein Knabe war und mit ihm zur Schule ging, an und sagte zu ihm, er werde dereinst König der Juden werden. Herodes aber, welcher der Meinung war, Menachem kenne ihn entweder nicht oder treibe seinen Scherz mit ihm, entgegnete, er sei doch nur von gewöhnlicher Herkunft. Menachem lächelte darüber, schlug ihm auf die Schenkel und sprach: ›Du wirst in der Tat König werden und, weil dich Gott dessen für würdig hält, eine glückliche Regierung führen. Erinnere dich alsdann der Schläge des Menachem und lass sie dir zum Zeichen dienen, dass alles

Glück wandelbar ist. Denn eine solche Erwägung wird dir zu großem Nutzen gereichen, wenn du Gerechtigkeit und Frömmigkeit liebst und dich gegen deine Untertanen milde erweisest. Ich aber, der ich genau hierüber unterrichtet bin, weiß, dass du so nicht sein wirst. Denn du wirst wohl, wie kein anderer, ein glückliches Leben führen und dir ewigen Ruhm erwerben, Frömmigkeit und Gerechtigkeit aber wirst du vergessen. Allein Gott dem Herrn wird dies nicht verborgen bleiben, und er wird dich am Ende deines Lebens dafür bestrafen.‹ Auf diese Worte achtete Herodes damals nicht, weil er eine solche Hoffnung nicht hegte. Als er aber zur Regierung und zwar zu glücklicher Regierung gelangt war, ließ er, da er auf dem Gipfel seiner Macht stand, den Menachem rufen und fragte ihn, wie lange er noch regieren werde. Menachem antwortete hierauf nichts und schwieg. Da fragte Herodes weiter, ob seine Regierung wohl noch zehn Jahre dauern werde, und nun erwiderte Menachem, auch wohl 20 oder 30 Jahre, ohne jedoch das Ende seines Lebens genau zu bestimmen. Herodes aber war damit zufrieden, gab dem Menachem die Hand, entließ ihn und hielt von der Zeit an alle Essener in Ehren. Obgleich nun diese Erzählung allen Glauben übersteigt, hielt ich es doch für gut, sie den Lesern mitzuteilen und zugleich davon Erwähnung zu tun, dass noch viele Essener wegen ihres ehrbaren Lebenswandels mit der Gabe der Weissagung ausgestattet waren.«[11]

Diese Erzählung hat zweifellos legendenhafte Züge, wie auch die anderen Geschichten des Josephus über die Fähigkeit der Essener, Herrschern ihr Schicksal zu weissagen.[12] Gleichzeitig dient hier Menachems Prophezeiung als Beweis für die Auserwähltheit des Herodes.[13] Wenn wir die Geschichte auch nicht zur Gänze als buchstäblich wahr akzeptieren müssen, können wir ihr doch entnehmen, dass Herodes die Essener achtete und gern um sich sah und dass ihn mit Menachem besonders freundschaftliche Beziehungen verbanden. Auf der Grundlage der Darstellung des Josephus können wir »den Freund des Königs«, den Helden der messianischen Hymnen, in diesem Menachem wiedererkennen.

Wenn Herodes der Essenersekte unter der Führung von Menachem freundlich gesinnt war, dann müssen wir das im Licht der Politik verstehen, die er gegenüber der jüdischen Gesellschaft seiner Zeit verfolgte. Herodes entstammte einer Familie idumäischer Herkunft und war insofern nicht in der jüdischen Gemeinschaft verwurzelt. Zum König von Judäa hatte ihn der römische Senat ernannt, seine Herrschaft verdankte er also der Gunst der Römer. Die Hasmonäer, die über ein Jahrhundert lang in Israel geherrscht hatten, waren von ihm vertrieben worden. Die Sadduzäer – die Priesteraristokratie, auf die sich die Hasmonäer gestützt hatten – standen Herodes feindselig gegenüber. Er musste sich deshalb bei anderen Gruppen der jüdischen Gesellschaft nach Unterstützung für sich und sein Regime umsehen. Diese Unterstützung fand er in Kreisen der gemäßigten Pharisäer unter Führung von Hillel und bei den Juden in der Diaspora.[14] Die Essener, die Mitglieder der Qumran-Sekte, waren von den Hasmonäern verfolgt worden und stellten deshalb aus Sicht des Herodes ebenfalls potenzielle Bundesgenossen dar.[15]

Die zweite messianische Hymne beschreibt, wie wir gesehen haben, ein himmlisches Zeitalter, in dem Gottlosigkeit und

Unterdrückung aus dem Land verschwunden und an ihre Stelle Licht und Freude, Frieden und Versöhnung getreten sind:

»[… Gottlosigkeit kommt zu einem Ende …]
[der Unterdrücker steht voll Scham von seinem Tun ab]
Licht scheint hinaus und Fr[eude wird ausgeschüttet].
Trauer [hat aufgehört] und Kummer flieht. Friede zeigt
sich, Angst hat ein Ende.«[16]

Diese Schilderung scheint widerzuspiegeln, wie tief greifend sich die Situation der Qumran-Sekte in der Regierungszeit des Herodes geändert hatte. Aus Sicht der Menschen von Qumran markierte das Schicksal, das ihre hasmonäischen Gegner ereilt hatte, den Beginn der Erlösung. Deren Herrscher waren ihnen feindselig begegnet, hatten sie drangsaliert und sogar versucht, ihren Begründer, den »Lehrer der Gerechtigkeit«, umzubringen. Unter der hasmonäischen Herrschaft mussten sie ihre Wohnstätte aufgeben und sich in der Wüstenregion in der Nähe des Toten Meeres niederlassen. Herodes, der die Hasmonäer aus dem königlichen Amt verjagt hatte, hegte Achtung für die Essener und besonders für ihr Oberhaupt Menachem; *sie* waren es nun, denen Ehre widerfuhr und die Ansehen genossen. Vor diesem Hintergrund versteht man die folgenden Worte, die der zweiten Hymne entnommen sind und denen zufolge Gott

»jene erhebt, die stolpern,
aber die hochmütigen Versammlungen der ewig Stolzen
in Staub wirft«.

Die Stolzen, die in Staub geworfen wurden, waren die Angehörigen der hasmonäischen Aristokratie, während es sich bei den Stolperern, die erhoben wurden, um die Mitglieder der Qumran-Sekte handelte.

Menachems Beziehung zu Rom und seiner Kultur hatte zwei Gesichter. Zum einen stand er unter dem Einfluss der römischen Kultur seiner Zeit, wie in Anhang B ausführlich diskutiert wird. Gleichzeitig aber nährte er wie alle Mitglieder seiner Gemeinschaft einen tiefen Hass gegen die Römer, die in den Augen der Essener Eroberer und Unterdrücker waren. Die Tatsache, dass Menachem zu den »Freunden« des Herodes zählte, der mit Unterstützung der Römer herrschte, zwang den Sektenführer zu einer Art gespaltener Existenz. Für Menachem und seine Anhänger war das allerdings nichts Neues. In der so genannten Gemeinderegel von Qumran – einer Darstellung der Gesetze und Vorschriften, die das Verhalten der Sektenmitglieder regelten – finden wir folgenden Passus:

> »Dies sind die Richtlinien des Weges für den Lehrmeister in diesen Zeiten, was sein Lieben und Hassen betrifft: insgeheim ewiger Hass für die Verderbten [...] wenn auch im Augenblick demütig vor dem Unterdrücker; doch aber ein Eiferer für Gottes Gesetz, das kommen wird, voll Erwartung des Tages der Vergeltung.«[17]

Hier haben wir die Anweisung zu einem Doppelleben! Ein Mitglied der Sekte soll sich nach außen hin gegenüber den »Verderbten«, die über ihn herrschen, demütig betragen wie »ein Sklave seinem Meister gegenüber«[18]; insgeheim aber muss er diese Männer hassen und den Tag der Rache erwarten, an dem er offen gegen sie zu Felde ziehen wird. Der Pazifismus der Essener war nur eine vorläufige Friedfertigkeit und endete am Tag der Vergeltung.[19] Wie in der erdichteten Rekonstruktion zu Beginn des Buches gezeigt, gehorchte augenscheinlich das Leben des Menachem, des »Freundes des Königs«, dieser Verpflichtung zum Doppelleben auf ganz bestimmte Weise und in ganz besonderem Maße.

Die Exkommunikation

Der Tod des König Herodes im Jahr 4 n. Chr. und der Aufstand, der anschließend im Land ausbrach, erlaubten Menachem, sein Doppelleben aufzugeben und der breiten Öffentlichkeit sein messianisches Geheimnis zu offenbaren. Wir sind durch rabbinische Quellen über die Umstände informiert, unter denen das Geheimnis enthüllt wurde. Die älteste Sammlung rabbinischer Literatur, die Mischna, erwähnt[20] fünf Paare religiöser Führer, die im Zeitraum zwischen dem Aufstand der Hasmonäer (167 v. Chr.) und der Regierung des Herodes aufeinander folgten.[21] Als das Paar, das zur Zeit des Herodes im Amt war, werden Hillel und Menachem genannt. Die Mischna fügt hinzu: »Menachem ist ausgetreten, und Shammai ist eingetreten.«

Was können uns die rabbinischen Quellen über Menachem, der zu Herodes' Zeiten wirkte, und über den Grund für seinen »Austritt« sagen? Menachem ist ohne Zweifel eine außergewöhnliche Gestalt in den rabbinischen Schriften. In der ganzen umfangreichen rabbinischen Literatur finden sich kein einziges Gesetz und keine einzige Äußerung, die ihm

zugeschrieben werden. Der Traktat Awot enthält eine Liste
großer Schriftgelehrter, die in der Generationenfolge angeordnet sind, aber der Name Menachem taucht dort nicht
auf.[22] Das legt den Schluss nahe, dass Menachem nicht zu
den pharisäischen Schriftgelehrten zählte, sondern zu einer
der gegnerischen Sekten.[23] Aus diesem Grund haben seit
dem 16. Jahrhundert bis heute viele Gelehrte den Menachem, von dem in den rabbinischen Schriften die Rede ist,
mit dem bei Josephus erwähnten Essener Menachem gleich-
gesetzt.[24] Den rabbinischen Quellen zufolge war Menachem
Angehöriger des königlichen Hofes[25]; das entspricht der
Auskunft, die uns Josephus gibt.

Der Jerusalemer Talmud zitiert aus der Mischna die Äußerung »Menachem ist ausgetreten« und gibt auf die Frage
»Wohin ist er ausgetreten?« die folgende Antwort:

> »Einige sagten: er wechselte die Einstellung.
> Und einige sagten: er hat sich umgewandt und ist gegan-
> gen.
> Er und 80 Paar von Weisenschülern bekleidet mit golde-
> nen *tirki*[26] [Brustpanzern],[27]
> die ihre Gesichter wie Topfränder verfinstert hatten.
> Denn man hatte zu ihnen gesagt:
> ›Schreibt auf das Ochsenhorn, dass ihr keinen Anteil
> (mehr) am Gott Israels habt.‹«[28]

Diese Beschreibung ist eine in Wortform gefasste genaue
Ablichtung eines außergewöhnlichen Ereignisses.[29] Menachem ist umringt von 160 Jüngern, die in goldene – das
heißt schimmernde – Rüstungen gehüllt sind.[30] Ihm und
seinen Jüngern gegenüber steht eine andere Gruppe, von der

sie aus der Glaubensgemeinschaft ausgestoßen werden. Die
Vollstrecker der Exkommunikation verkünden Menachem
und seinen Anhängern, dass sie nicht länger Teil des jüdi-
schen Volkes seien. Sie erklären: »Schreibt auf das Ochsenhorn, dass ihr keinen Anteil (mehr) am Gott Israels habt.«[31]
Menachem antwortet nicht, sondern wendet sich um und
tritt mit seinen Jüngern schweigend und beschämt ab – die
Gesichter »wie Topfränder verfinstert«.
Menachems Anhänger tragen nach der Schilderung in dieser
Passage Rüstungen. Zum Zeitpunkt seiner Verstoßung war
Menachem Führer eines kriegerischen Verbands mit revolu-
tionären Absichten.[32] In Anbetracht der Freundschaft zwischen Menachem und Herodes fällt es schwer zu glauben, dass
sich Menachem zu Lebzeiten des Königs an einem Aufstand
beteiligt hätte. Vielmehr mutet es wahrscheinlicher an, dass
der Vorgang, der im Jerusalemer Talmud geschildert wird,
im Zusammenhang mit der Erhebung steht, zu der es nach
dem Tod des Herodes im Jahr 4. n. Chr. kam.
Warum wurde Menachem zum Zeitpunkt des Aufstands aus
der jüdischen Glaubensgemeinschaft ausgestoßen?
Die einzige Erwähnung Menachems in der Mischna findet
sich im zweiten Kapitel der Abhandlung Chagiga. Dieses
Kapitel beginnt mit dem berühmten Verbot, sich – zumal in
der Öffentlichkeit – mit bestimmten geheimen Bereichen
des religiösen Wissens zu beschäftigen:

>»Die Inzestgebote dürfen nicht unter dreien,
>die Schöpfungsgeschichte darf nicht unter zweien
>und die Himmelskreislehre auch nicht für sich allein er-
>örtert werden,
>es sei denn, dass er ein Gelehrter ist und es aus eigener Er-

kenntnis versteht.
Wer über vier Dinge,
was sich oben,
unten,
vorn
und hinten befindet, Betrachtungen anstellt,
für den wäre es besser, wenn er auf die Welt nicht gekommen wäre.
Wer die Ehre seines Schöpfers nicht schont,
für den wäre es besser, wenn er auf die Welt nicht gekommen wäre.«

In dieser Passage wird den Gläubigen kategorisch untersagt, bestimmte Wissensbereiche – »was sich oben, unten, vorn und hinten befindet« – zu behandeln; außerdem werden die öffentliche Erörterung der Geheimnisse der Schöpfungsgeschichte oder der Versuch, Gottes Wohnstätte im Himmel zu beschreiben – »die Himmelskreislehre« also –, massiven Einschränkungen unterworfen.[33] Die Mischna schließt mit der schroffen Verdammung eines jeden, der Gott nicht in Ehren hält.

Die Gelehrten haben sich schwer damit getan, den Stellenwert dieser Passage in der Abhandlung Chagiga zu verstehen. Jede Abhandlung widmet sich einem bestimmten Thema. Der Traktat Chagiga thematisiert Fragen im Zusammenhang mit den Zeremonien, die im Tempel anlässlich von Festen abgehalten wurden.

Das Verbot, Gott durch die Beschäftigung mit den Geheimnissen der Schöpfungsgeschichte oder Gottes himmlischem Wohnsitz zu nahe zu treten, hat mit dem Hauptthema der Chagiga nichts zu tun. Ich glaube, die Lösung für dieses Problem eines fehlenden Zusammenhangs, das die Kommentatoren der Mischna Jahrhunderte lang vor Rätsel gestellt hat,[34] ist in der Gestalt Menachems zu suchen. Die einzige Erwähnung Menachems in der Mischna findet sich bezeichnenderweise unmittelbar im Anschluss an die Bemerkungen über die Strafwürdigkeit dessen, der Gott nicht in Ehren hält. Der Sprecher der messianischen Hymnen, in dem wir Menachem zu erkennen glauben, sieht sich selbst im Himmel auf einem »mächtigen Thron« mitten in einer »Versammlung« von Engeln sitzen. Er versteigt sich sogar zu der Frage: »Wer ist wie ich unter den Engeln?« Kein Zweifel, dass aus Sicht der Schriftgelehrten die Warnung »Wer die Ehre seines Schöpfers nicht schont, für den wäre es besser, wenn er auf die Welt nicht gekommen wäre« auf niemanden besser zutraf als auf Menachem. Die Äußerungen über die Strafwürdigkeit einer Entehrung Gottes wurden in die Abhandlung Chagiga eben deshalb aufgenommen, weil sie Menachems »Austritt« erklärten. Menachem »trat aus«[35], weil er es versäumte, seinem Schöpfer die gebührende Ehre zu erweisen. Das erklärt dann auch die Bemerkung im Talmud, Menachem sei »ausgeartet«.[36]

Das Bild vom Ausschluss Menachems, das der Jerusalemer Talmud entwirft, wird nun klarer. Unter der Herrschaft des Herodes konnte Menachem seine messianischen Ansprüche nicht offen erheben, da dies als Rebellion gegen den König gegolten hätte; nach dem Tod des Herodes hielt er die Zeit für gekommen, sich öffentlich zum Messias zu erklären. Er und seine Jünger glaubten, die Zeit für den eschatologischen »Krieg zwischen den Söhnen des Lichtes und den Söhnen der Finsternis«, auf die sie so viele Jahre gewartet hatten, sei endlich da. Menachem hätte die pharisäischen Schriftgelehrten in diesem Krieg gerne zu Verbündeten gehabt. Das hätte im Einklang mit dem in der damaligen Sekte vorherrschenden Bedürfnis gestanden, mit dem Volk Israel in seiner Gesamtheit zusammenzuwirken.[37] Menachem stand an der Spitze seiner in Rüstungen gekleideten Jünger den pharisäischen Schriftgelehrten gegenüber und berichtete ihnen von seinen messianischen Ansprüchen und seinen Kriegsplänen. Vielleicht um seinen Anspruch auf die Messiasrolle zu untermauern, schilderte er in aller Öffentlichkeit sein mystisches Erlebnis, wie er sich in den Himmeln auf einem »mächtigen Thron« sitzen sah. Was bis dahin ein »messianisches Geheimnis« war, das innerhalb des geschlossenen Zirkels der Qumran-Sekte streng gehütet wurde, verkündete er nunmehr öffentlich. Aber Menachem sah sich in seinen Hoffnungen getäuscht. Die pharisäischen Schriftgelehrten verwarfen ihn und wollten von seinen messianischen Ansprüchen nichts wissen. Ihnen erschien seine Behauptung als Blasphemie. Dementsprechend exkommunizierten sie ihn und seine Jünger und erklärten, er habe »keinen Anteil am Gott Israels«. Angesichts dieser Enttäuschung verschlug es Menachem die Sprache. Er wandte sich wortlos ab und räumte mit seinen Jüngern beschämt das Feld.

In der Midrasch zum Hohelied beginnt die Geschichte von Menachems Auszug mit folgenden Worten: »In den Tagen von Menachem und Hillel, als sie stritten und Menachem austrat ...«[38] Hillel war der Anführer der Gruppe von Schriftgelehrten, die Menachem aus der Glaubensgemeinschaft ausstießen.[39]

Es ist lehrreich, die Persönlichkeiten von Hillel und Menachem, die zur selben Zeit lebten und wirkten, miteinander zu vergleichen. Hillel führte die Schriftgelehrten an, Menachem die Essener. Ganz überraschend gibt es einen Punkt, in dem die beiden Führer einander ähneln. Wir haben gesehen, wie Menachem bei der Schilderung seiner großen Nähe zu Gott auf einen Bibelvers zurückgreift, der eine Äußerung Gottes wiedergibt: »Wer ist wie ich unter den Engeln?« Bemerkenswerterweise benutzt auch Hillel zur Charakterisierung seiner Stellung Bibelverse, in denen Gott spricht. So bezieht er Worte aus 2. Mose 20,24 auf sich: »An jedem Ort, wo ich meines Namens gedenken lasse, da will ich zu dir kommen und dich segnen«,[40] sowie eine Passage aus den Psalmen: »Wer ist wie der Herr, unser Gott, im Himmel und auf Erden? Der oben thront in der Höhe, der herniederschaut in die Tiefe [...]«.[41] Auf den ersten Blick gesehen, erscheint Hillels Kühnheit nicht geringer als die des Menachem. Wenn sich das so verhält, warum stießen dann Hillel und seine Kollegen Menachem aus der Gemeinschaft aus?

Neben den Ähnlichkeiten gab es in der Tat einen bezeichnenden Unterschied zwischen Menachem und Hillel: Nach seinem mystischen Erlebnis betrachtete sich Menachem als einen Menschen, der über die anderen gestellt war. Er sah sich nicht mehr als ein Wesen aus Fleisch und Blut, wie seine Feststellung »[Mein] Begeh[ren] ist nicht nach dem Fleisch« deutlich macht. Diese Verleugnung seiner körperlichen Natur steht im Einklang mit seiner Behauptung, er sitze in den Himmeln auf einem »mächtigen Thron« in der Gesellschaft der Engel. Er war eine messianische Gestalt, die beanspruchte, gleichsam ein Gott zu sein. Diese Quasi-Göttlichkeit unterschied ihn von allen anderen Menschen und begründete seinen messianischen Anspruch.

Die Gestalt Menachems weist große Ähnlichkeit mit der

Gestalt des Sektenführers auf, den uns Gerschom Scholem beschreibt:

>»In der Religionsgeschichte begegnen wir häufig einer bestimmten Art von Individuen, die man ›Pneumatiker‹ oder ›Spiritualisten‹ nennt. [...] Mit diesen Begriffen bezeichnet man nicht einfach nur Leute, über die vielleicht irgendwann einmal in ihrem Leben ›der Geist gekommen‹ ist; vielmehr sind sie auf jene wenigen gemünzt, deren Wohnstatt der ›Palast des Königs‹ war, die, mit anderen Worten, ständige Zwiesprache mit einem spirituellen Bereich hielten, dessen Pforten ihnen offen standen. [...] Ein so Gesegneter galt in gewisser Hinsicht als nicht mehr der Realität des Alltags unterworfen, da er die Welt des göttlichen Lichtes in sich entdeckt hatte. Naturgemäß haben sich Spiritualisten dieses Typus immer für eine besondere Art Mensch gehalten und ein spezielles Gefühl der ›Überlegenheit‹ kultiviert. [...] Hier finden wir nun alle Voraussetzungen für die Neigung zur Sektenbildung versammelt, denn die Sekte dient den *Illuminati* nicht nur als Sammlungsort für ihresgleichen, sondern auch als Zufluchtsstätte vor dem Unverständnis der in sinnlichen Begierden befangenen, unerleuchteten Masse.«[42]

Hillel dagegen erhob keine messianischen Ansprüche. Seine Kühnheit hatte ihre Quellen in dem Bewusstsein der religiösen Bedeutung der Tatsache, dass die Menschen nach dem Bild Gottes geschaffen waren. Das zeigt die folgende Anekdote:

»Wenn [Hillel] von seinen Schülern sich verabschiedete, begleitete er sie und ging mit ihnen.
Da fragten ihn seine Schüler: Rabbi, wohin gehst du?
Er antwortete: *Um ein gutes Werk zu verrichten.*
Sie fragten: Was für eins?
Er sprach: *Ich will zur Toilette gehen.*
Sie fragten: Ist das denn ein gutes Werk?
Er sprach: *Ja, ich tue das, damit der Leib nicht verfalle.*«

»Oder man fragte ihn: Wohin gehst du, Hillel?
Er antwortete: *Um ein gutes Werk zu verrichten.*
Sie fragten: Was für eins, Hillel?
Er sprach: *Ich will ins Bad gehen.*
Sie fragten: Ist das denn ein gutes Werk?
Er sprach: *Ja, es geschieht, um den Leib zu reinigen.*«

»Ja wohl, gab er zur Antwort, denn wenn schon der, welcher über das Bild der Könige, das man in Theatern und im Zirkus aufzustellen pflegt, gesetzt ist, weil er es poliert und abspült, Nahrung dafür erhält und nicht nur das, sondern auch bei den Großen der Regierung angesehen ist, um wie viel mehr ich, der ich in Gottes Ebenbilde geschaffen worden bin.«[43]

Aus Hillels Sicht schuldeten die Menschen ihre hohe Stellung der Tatsache, dass sie nach Gottes Ebenbild geschaffen waren. Der Messias von Qumran verwarf seine Körperlichkeit mit der Bemerkung: »[Mein] Begeh[ren] ist nicht nach dem Fleisch.«[44] Hillel akzeptierte dagegen den Körper und seine Bedürfnisse.[45] Wenn die körperliche Gestalt als Ebenbild Gottes Basis der Würde des Menschen war, dann galt das unterschiedslos für jedes menschliche Wesen. Im Vergleich mit anderen beanspruchte Hillel deshalb niemals eine Sonderstellung.[46]

Den historischen Hintergrund für Hillels Äußerungen bildete die kultische Verehrung von Bildern des römischen Imperators, mit anderen Worten der Kaiserkult, der in der Zeit des Augustus aufkam. Sowohl Hillel als auch Menachem lebten unter der Herrschaft des Herodes, der diesen Kult unterstützte und für dessen Ausbreitung sorgte.[47] Beide spiegelten den Zeitgeist wider, aber in der Art und Weise, wie sie das taten, gab es einen entscheidenden Unterschied. Beeinflusst von der Propaganda des Augustus, machte sich der Messias die Vorstellung vom Erlöser mit göttlichen Attributen zu eigen. Hillel hingegen reagierte auf den Kaiserkult damit, dass er auf dem Prinzip der Gottesebenbildlichkeit aller Menschen bestand. Jedermann, so lehrte er, sei teilweise göttlich, weil Gott ihn nach seinem Bild geschaffen habe.[48]

Hat man diesen Unterschied zwischen den Standpunkten Hillels und Menachems begriffen, so wird einem die Exkommunikation Menachems verständlich. Dieser beanspruchte, über die übrige Menschheit erhöht und seiner Körpernatur enthoben worden zu sein. Er sah sich auf dem himmlischen Thron Gottes sitzen. Für Hillel und seine Kollegen stellte dies einen Angriff auf Gottes Ehre dar, einen gottlosen Versuch, den Unterschied zwischen dem Schöpfer und seiner Schöpfung zu verwischen. Menachem war nach ihrer Ansicht jemand, der »die Ehre seines Schöpfers nicht schont« und für den »es besser (wäre), wenn er auf die Welt nicht gekommen wäre«. So blieb Hillel und seinen Kollegen gar nichts anderes übrig, als Menachem und seine in schim-

mernde Rüstungen gekleideten Jünger aus der Glaubensgemeinschaft auszustoßen.

Der Aufstand und die Tötung des Menachem

In den talmudischen Quellen finden wir keine Erwähnung
der Kriegshandlungen des Menachem und seiner 160 Jünger. Josephus indes berichtet uns, dass zu den Teilnehmern
am Aufstand auch Menschen zählten, die dem Herodes nahe
gestanden hatten;[49] dass Menachem, »der Freund des Königs«, beteiligt war, ist folglich vorstellbar. Die Rolle Menachems als messianischer Führer entspricht dem, was wir
über die Führer des Aufstands wissen:

> »Die jüdische Erhebung nach dem Tod des Herodes unter-
> stand weder einem einzelnen Anführer noch einer einheit-
> lichen Leitung. Sie stellte im Grunde eine Reihe spontaner
> Revolten dar, die unabhängig voneinander in verschie-
> denen Landesteilen ausbrachen. [...] Die Führer dieser
> Revolten [...] nahmen den Königstitel an. Das legt die
> Vermutung eines engen Zusammenhangs mit eschatologi-
> schen Erwartungen nahe, die einzelne messianische Figu-
> ren ins Rampenlicht treten ließen.«[50]

Die Erhebung keimte bereits während der letzten Tage des
Herodes. Als Herodes auf dem Krankenbett lag und dem
Tod nahe war, drängten zwei pharisäische Schriftgelehrte in
Jerusalem, Judas und Matthias, ihre Jünger, den goldenen
Adler zu entfernen, den Herodes auf dem Tor des Tempels
hatte anbringen lassen; sie machten geltend, dass nach dem

jüdischen Gesetz die Darstellung von Lebewesen verboten war. Mit der Aufstellung des Adlers hatte Herodes den Römern zu Gefallen sein wollen, für die dieser Vogel ein wichtiges Symbol war. Hinter dem Widerstand gegen den Adler steckte also eine Mischung aus politischem und religiösem Eiferertum. Als sich das Gerücht verbreitete, Herodes sei gestorben, zogen die Jünger von Judas und Matthias aus und hieben den Adler mit Äxten in Stücke. Das Gerücht indes war falsch: Herodes lebte noch. Als er von der Zerstörung des Adlers erfuhr, ließ er Matthias und einige seiner Jünger verbrennen.[51]

Kurze Zeit später starb Herodes, und sein Sohn Archelaus folgte ihm auf den Thron. Tausende von Pilgern hatten sich in Jerusalem zum Passahfest versammelt. Die Jünger von Judas und Matthias stachelten die Menschen gegen Archelaus auf. Der neue König sandte seine Reiterei gegen die Menge; 3000 Menschen kamen um. Nach dem Fest reiste Archelaus nach Rom ab, woraufhin der Aufstand mit voller Stärke losbrach.[52] Die Aufständischen erhoben sich gegen die Anhänger des Archelaus und gegen die römischen Soldaten, die im Turm von Phasael neben dem königlichen Palast stationiert waren. Die Soldaten strömten aus dem Turm und stürzten sich auf die Aufständischen. Diese zogen sich auf das Dach der Tempelkammern zurück und schleuderten von dort Steine und andere Geschosse auf die Römer. In Reaktion darauf steckten die römischen Soldaten die Kammern in Brand, die sogleich in Flammen aufgingen und vielen Aufständischen den Tod brachten. Anschließend drangen die Römer in den Vorhof des Tempels ein und plünderten den Tempelschatz.[53]

Dies ist der historische Hintergrund zu dem, was wir am

Anfang von Kapitel 11 der Offenbarung des Johannes lesen:
»Aber den Vorhof des Tempels lass weg und miss ihn nicht,
denn er ist den Heiden gegeben [...].«
Und was ist mit den zwei Zeugen – den zwei »Ölbäumen« –,
die etwas später im selben Kapitel auftauchen?

> »Und wenn sie ihr Zeugnis geendet haben, so wird das
> Tier, das aus dem Abgrund aufsteigt, mit ihnen Krieg
> führen und wird sie überwinden und wird sie töten.
> Und ihre Leichname werden liegen auf der Gasse der gro-
> ßen Stadt [...] wo auch ihr Herr gekreuzigt ist.« (Off.
> 11,7–8)

Wir erfahren, dass die Leichname der beiden Zeugen – zweier
messianischer Führer, die von den römischen Soldaten getötet wurden – in den Gassen Jerusalems lagen.[54] Von diesen
beiden heißt es im selben Kapitel: »Das sind die zwei Ölbäume und die zwei Leuchter, die vor dem Herrn der Erde
stehen.« (Off. 11,4) Wahrscheinlich war Menachem einer
dieser zwei messianischen Zeugen.

Der Nachfolger Menachems

Wie zu sehen war, trägt die messianische Berufung Jesu von
Anfang bis Ende den Stempel des Messianismus Menachems.
In diesem Abschnitt zeige ich, dass insbesondere das Evangelium des Johannes eine Tradition bewahrt, die den Zusammenhang zwischen Menachem und Jesus widerspiegelt.
Inhalt dieser Tradition ist die geheimnisvolle Idee des Parakleten oder Trösters.

Dem Johannesevangelium zufolge verspricht Jesus seinen Jüngern, er wolle seinen Vater bitten, ihnen einen »andern Tröster« zu schicken. Der Paraklet, den Johannes auch als »Heiligen Geist« oder »Geist der Wahrheit« bezeichnet, werde sie zur Wahrheit führen, »und was zukünftig ist, wird er euch verkündigen«.[55] Er werde »der Welt die Augen auftun über die Sünde und über die Gerechtigkeit und über das Gericht«.[56] Nach Maßgabe dieser Äußerungen ließe sich der Paraklet als ein Lehrer betrachten, als ein Prophet, der die Zukunft voraussagt, und als ein Offenbarer von Wahrheiten. Jesus sagte seinen Jüngern, der Paraklet werde erst kommen, wenn er selbst aus der Welt geschieden sei.[57] Wir können daraus schließen, dass Jesus den geheimnisvollen Parakleten als jemanden ansah, der an seine Stelle treten werde.

Zwei Fragen drängen sich uns hier auf. Erstens: Warum wurde diese geheimnisvolle Person »Paraklet« genannt? Hinzu kommt noch, dass dem Johannesevangelium (14,16) zufolge Jesus von einem *anderen* Parakleten spricht. Er scheint sich demnach selbst auch als Paraklet betrachtet zu haben.[58] Zweitens: Warum hat Jesus sich selbst auf diese Weise gesehen?

Zuerst müssen wir uns anschauen, welche Bedeutung das Wort »Paraklet« in der Zeit hatte, als das Evangelium verfasst wurde. Die ursprüngliche Bedeutung hatte etwas mit dem Gerichtswesen zu tun. Folgt man griechischen Quellen und der rabbinischen Literatur, so war ein Paraklet ein Rechtsbeistand und Anwalt vor Gericht;[59] aber nichts an der Funktionsbeschreibung, die Johannes vom Parakleten liefert, deutet auf eine solche Verbindung zur Gerichtswelt hin.[60] In antiken Bibelübersetzungen dienten das Wort *parakletos* und die damit zusammenhängenden Verbformen als Synonyme für das hebräische Wort *nahem* (trösten) sowie für die Substantive *Menachem, Menachemim* (Tröster).[61] Das ist der Grund, warum die Kirchenväter den Parakleten als jemanden charakterisierten, der Trauernde tröstet.[62] Diese Interpretation passt allerdings kaum auf die Person, die im Johannesevangelium beschrieben wird, da unter den dort genannten Funktionen des Parakleten das Trösten von Trauernden nicht aufgeführt wird.[63] Ebenso wenig überzeugen kann der Versuch, gnostische Entsprechungen zur Figur des Parakleten[64] aufzuspüren.[65]

Die Schriftrollen vom Toten Meer indes liefern uns neue Aufschlüsse über die Figur. Das Johannesevangelium bezeichnet den Parakleten als den »Geist der Wahrheit« (14,17). Schon vor der Entdeckung der Schriftrollen lenkten Gelehrte das Augenmerk auf die Herkunft des Ausdrucks aus der jüdischen Tradition.[66] Aus den Schriftrollen geht hervor, dass die Vorstellung von einem »Geist der Wahrheit« einen zentralen Platz in der Theologie der Menschen von Qumran einnahm. Der »Geist der Wahrheit« stellte in der dualistischen Unterscheidung der Qumran-Sekte zwischen Licht und Finsternis, Wahrheit und Falschheit den positiven Pol dar.[67] Viele Gelehrte sind infolgedessen zu der Ansicht gekommen, die Figur des Parakleten im Johannesevangelium müsse in engem Zusammenhang mit den Glaubensvorstellungen der Schriftrollen vom Toten Meer stehen.[68]

Im Licht der Befunde, die dieses Buch vorlegt, müssen wir die Verbindung zwischen der Figur des Parakleten und den Essenern noch stärker herausstellen. In antiken Bibelübersetzungen wurde, wie erwähnt, das Wort *parakletos* zur Wiedergabe des hebräischen Begriffs *Menachem* benutzt.[69] »Paraklet« im Johannesevangelium ist deshalb meines Erachtens als Übersetzung des Namens des essenischen Messias *Menachem* anzusehen.[70] Wie wir wissen, wurde »Cäsar«, der Name des ersten Herrschers des römischen Kaiserreichs, zu einem Herrschertitel schlechthin; alle nachfolgenden römischen Kaiser wurden »Cäsar« genannt. Einen ähnlichen Wandel erlebte der Name Menachems, des ersten jüdischen Messias: Menachem wurde gleichbedeutend mit »Messias«.[71] Die Vorstellung, dass der Name des Messias »Menachem« lautet, findet sich in der rabbinischen Literatur.[72] Die Tradition des Parakleten im Evangelium des Johannes stellt eine christliche Übernahme dieser Überlieferung dar.

Indem Jesus sagte, der Vater werde »einen andern Tröster« schicken, offenbarte er sich selbst als Paraklet.[73] Seinen Worten lag die Vorstellung zugrunde, dass er in Menachems Fußstapfen wandelte und sein Nachfolger war. Jesus erklärte, Gott werde nach seinem Weggang einen anderen Parakleten senden, sprich, einen anderen Menachem. Dieser Paraklet war dann seinerseits ein Nachfolger Jesu und dazu bestimmt, dieselben Aufgaben zu erfüllen wie Jesus zu seinen Lebzeiten.[74] Die Überlieferung des Parakleten im Johannesevangelium bringt also die einmalige Vorstellung einer ganzen *Kette* von Erlösern zum Ausdruck.[75] Sie bestätigt kurz und bündig die Hauptthese des vorliegenden Buches: dass nämlich Jesus der Erbe und Nachfolger des Messias von Qumran war.[76]

Gemäß dem Johannesevangelium sprach Jesus über den Parakleten anlässlich des Abendmahls. Der christlichen Überlieferung zufolge fand das Abendmahl auf dem Berg Zion in Jerusalem statt,[77] das heißt an der Stätte, an der Menachem der Essener gelebt und gewirkt hatte. Wie es scheint, gehörte das »Obergemach«, in dem das Abendmahl gehal-

94

ten wurde, einem der Essener, die nach dem Tod ihres Anführers in Jerusalem geblieben waren.[78] Auch die Worte, die Jesus beim Abendmahl sprach, beweisen die enge Verbindung, die zwischen Jesus und Menachem bestand.

Jesus selbst betrachtete sich durchaus als den Messias und sah in der Tat sein Leiden und Sterben voraus. Wenn er seine Verwerfung, seinen Tod und seine Wiederauferstehung erwartete, dann aufgrund des Paradigmas, das ihm Leben und Tod seines Vorgängers lieferten. Wir können mithin feststellen, dass Jesus tatsächlich ein »anderer Tröster« war – nämlich ein zweiter Menachem.

Nachwort

Im Jahr 70 n. Chr., etwa 40 Jahre nachdem Jesus gestorben war, wurde der Tempel in Jerusalem zerstört. Im Jerusalemer Talmud findet sich eine Legende über einen Vorfall, der sich am Tag der Zerstörung ereignete:

»Ein Jude bebaute einst seinen Acker, da stieß sein Ochse ein jämmerliches Gebrüll aus;
ein vorbeigehender Araber hörte dieses Gebrüll und sagte zu diesem: ›Du, Sohn eines Juden, Sohn eines Juden, du sollst den Ochsen ausspannen und die Pflugsterze losmachen, denn der heilige Tempel wurde zerstört.‹
Als dann der Ochse ein zweites Mal ein Gebrüll ausgestoßen hatte, sagte der Araber zu ihm: ›Sohn eines Juden, Sohn eines Juden, du sollst den Ochsen einspannen und die Pflugsterze festbinden, denn der König Messias kam zur Welt.‹
Da fragte ihn dieser: ›Wie wird er heißen?‹
Darauf entgegnete der Araber ihm: ›Menachem.‹
Da fragte der Jude ihn: ›Wie heißt sein Vater?‹
Darauf antwortete der Araber ihm: ›Chiskija.‹
Hierauf fragte der Jude den Araber: ›Von wo stammt er?‹
Da entgegnete ihm dieser: ›Aus der Königsstadt Bethlechem in Judäa.‹
Darauf ging der Jude, verkaufte seinen Ochsen, verkaufte auch seine Pflugsterze und handelte mit Windeln für Säuglinge.

Er ging stadtein, stadtaus, bis er in diese Stadt kam. Da kauften alle Frauen dieser Stadt bei ihm ein, die Mutter von Menachem aber hatte nichts gekauft.

Da hörte er, wie die Frauen riefen: ›Mutter Menachems, Mutter Menachems, komm, kauf doch etwas für deinen Sohn!‹

Darauf sagte sie: ›Ich möchte meinen Sohn Menachem[1] erwürgen, denn an dem Tag, an dem er zur Welt kam, wurde der Tempel zerstört.‹

Darauf sagte der Händler zu ihr: ›Wir sind dessen sicher, wenn dein Sohn die Zerstörung des Tempels verursacht hat, so wird er ihn auch wieder aufbauen.‹

Da sagte sie zu ihm: ›Ich habe kein Geld.‹

Da entgegnete er ihr: ›Das macht mir nichts aus, kaufe etwas für ihn; wenn du heute keins hast, so werde ich in einigen Tagen kommen und mir mein Geld holen.‹

Nach einiger Zeit kam er wieder in diese Stadt und fragte die Mutter Menachems: ›Was macht das Kind?‹

Da antwortete sie ihm: ›Nachdem du mich gesehen hattest, kamen Sturmwinde, warfen mich zu Boden und rissen mir das Kind aus den Händen.‹«[2]

Hier erscheint der Messias als Menachem, Sohn des Chiskijah.[3] Die Figur des Menachem in dieser Geschichte verknüpft verschiedene Elemente miteinander, die uns aus den Überlieferungen zum Messias der Essener und zu Jesus von Nazareth bekannt sind. Menachem, der Sohn des Chiskijah, ähnelt dem essenischen Messias nicht nur aufgrund des Namens, sondern auch aufgrund seines Schicksals: Ein Wind ergriff diesen Menachem und entriss ihn den Händen seiner Mutter.[4] Und ganz ähnlich heißt es im Orakel des Hystaspes, der große Prophet, den wir als Menachem identifiziert haben, werde der Erde entrissen und fahre zum Himmel auf. Ein Element, das sich Jesus und Menachem, Sohn des Chiskijah, teilen, ist der Geburtsort Bethlehem.[5] Außerdem berichtet das Matthäusevangelium, Weise vom Morgenland seien von weither gekommen und hätten seiner Mutter Gaben mitgebracht.[6] Und auch der Jude in der Geschichte aus dem Jerusalemer Talmud wandert von Ort zu Ort, bis er die Mutter des Messias in Bethlehem findet und ihr Windeln zum Geschenk macht.[7] Dem Matthäusevangelium zufolge bedroht Herodes das Leben des neugeborenen Messias; in der Erzählung aus dem Jerusalemer Talmud ist es die Mutter des Messias, die ihn umbringen möchte.[8]

Als Kind ist Menachem, Sohn des Chiskijah, ein Mensch, der auf Ablehnung stößt. Seine Mutter lehnt ihn ab und sucht ihn zu töten, weil er am Tag der Zerstörung des Tempels zur Welt gekommen ist. Gleichzeitig ist dieser verworfene Mensch der wahre Messias. Der Wind entführt ihn in den Himmel; schließlich aber wird er zurückkehren und sich als Israels Erlöser offenbaren. Im Blick auf den zerstörten Tempel sagt der Jude zu Menachems Mutter: »Wir sind dessen sicher, wenn dein Sohn die Zerstörung des Tempels verursacht hat, so wird er ihn auch wieder aufbauen.« Auf diese Weise übernimmt die talmudische Legende die messianische Kastastrophenlehre, die von den Jüngern des Esseners Menachem entwickelt wurde: Die Zerstörung des Tempels ist eine notwendige Stufe im Erlösungsprozess. In der Legende vom verworfenen Messias Menachem, Sohn des Chiskijah, kommt offenbar so etwas wie eine Bereitschaft aufseiten der rabbinischen Tradition zum Ausdruck, die Exkommunikation des essenischen Messias zurückzunehmen und ihm eine wichtige Rolle im Erlösungsprozess zuzugestehen.[9] Ihren Höhepunkt erreicht diese Entwicklung in der Midrasch-Überlieferung, die von dem Messias, Sohn des Joseph, handelt, der im Kampf um die Erlösung umkommt und wieder auferstehen wird.[10] Diese Überlieferung spiegelt die Geschichte des historischen Menachem, des Messias der Essener, wider.[11] Die Gestalt des Menachem, der Hauptfigur unseres Buches, liegt dem messianischen Mythos der Juden zugrunde, geradeso, wie sie für den Messianismus des Jesus von Nazareth das Vorbild abgab.

Anhang

A. Die messianischen Hymnen

Die Manuskripte

Die messianischen Hymnen existieren in zwei parallelen Fassungen.[1] Die zwei Versionen ähneln einander im Charakter, weisen aber gleichzeitig ihre Besonderheiten auf. Die erste Fassung der Hymnen findet sich in drei verschiedenen Manuskripten: in 4QHe, 4QHa, Fragment 7 und in 1QHa, Kolumne 26. In beiden Fassungen gibt es eine Hymne, die in der Ichform abgefasst ist und worin der Sprecher sein eigenes Loblied singt. Dieser Hymne, der Forscher den Namen »Selbstverherrlichungshymne« gegeben haben, folgt in beiden Fassungen eine zweite, in der Mitglieder der Gemeinschaft aufgefordert werden, den Lobpreis Gottes anzustimmen.

HYMNE 1, FASSUNG 1

Den Hauptbeleg für Fassung 1 der ersten Hymne findet man in zwei Fragmenten von 4QHe. Im ersten Fragment lesen wir:[2]

1   der heiligen [Versammlung]. We[r
2   ist verworfen [unter den Menschen] wie ich?
3   gleicht meiner Lehre.
4   Wer ist wie ich unter den Engeln?

5   [... die Äußerung] meiner Lippen, wer kann sie ertra-
    gen? Wer

6   bin der Geliebte des Königs, ein Gefährte der Hei[

7   keiner gleicht, denn ich [

8   mit Gold <Ich> werde krö[nen

und im zweiten Fragment:

1   wer] ist verachtet wie [ich?

2   gleicht m[ir im Ertragen] von Schlimmem?

3   ] Ich sitze [

Ein drittes Fragment enthält nur das Bruchstück eines einzigen Wortes.[3]
Auch wenn diese Texte sehr unvollständig sind, können uns
doch andere Manuskripte von Fassung 1 helfen, in denen
parallele Ausdrücke manchmal besser erhalten sind. Auch
Fassung 2 ist uns unter Umständen in ähnlicher Weise von
Nutzen. Auf der Grundlage dieser direkten und indirekten
Empirie können wir versuchen, Fassung 1 von Hymne 1
folgendermaßen zu rekonstruieren:[4]

1   [... Ich werde zu den Engeln ge]rechn[et, mein
    Wohnsitz ist in] der heiligen[5]

2   [Versammlung.] We[r ... Und wer] ist verachtet wie
    [ich? Und wer]

3   ist verworfen [unter den Menschen][6] wie ich? [Und
    wer] gleicht m[ir im Ertragen] von Schlimmem?
    [keine Lehre]

4   gleicht meiner Lehre.[7] [Denn] ich sitze [... in den
    Himmeln][8]

5   Wer ist wie ich unter den Engeln? [Wer also soll mich angreifen, wenn ich öffne meinen Mund? Und][9]

6   [die Äußerung] meiner Lippen, wer kann sie ertragen? Wer [kann sich mir an die Seite stellen und sich gleichstellen mit meinem Urteil?[10] Ich]

7   bin der Geliebte des Königs, ein Gefährte der Hei[ligen, und keiner kann sich mir zugesellen. Und]

8   keiner gleicht [meiner Herrlichkeit][11], denn ich [... Weder]

9   mit Gold werde <Ich> [mich] krö[nen, noch mit geläutertem Gold][12]

Hymne 1, Fassung 2

Die zweite Fassung dieser Hymne ist uns in den Zeilen 5–11[13] des Dokuments 4Q491, Fragment 11, Kolumne 1, erhalten:

5   [...] ewig ein mächtiger Thron in der Versammlung der Engel. Keiner der alten Könige soll darauf sitzen, und ihren Vornehmen [sollen] nicht[14] [Es gibt ke]inen, der vergleichbar ist

6   [mit mir in] meiner Herrlichkeit, keiner soll neben mir erhöht werden; keiner soll sich mir zugesellen. Denn ich wohne [...] in den Himmeln, und es gibt keinen

7   [...] Ich werde zu den Engeln gerechnet und mein Wohnsitz ist in der heiligen Gemeinschaft. [Mein] Bege[hren] ist nicht nach dem Fleisch, und alles, was mir wertvoll ist, ist in der Herrlichkeit

8 der heiligen [Woh]nstatt. Wer ist für so verachtenswert gehalten worden wie ich? Wer ist vergleichbar
  mit mir in meiner Herrlichkeit? Wer ist [...]
9 [...] Wer hat Leiden [erfahren] wie ich? Und wer ist
  wie ich [im Ertragen] von Schlimmem? Ich bin nicht
  gelehrt worden, aber keine Lehre ist vergleichbar
10 [mit meinen Lehren]. Wer also soll mich angreifen,
  wenn [ich] öff[ne meinen Mund]? Wer kann das, was
  von meinen Lippen kommt, aushalten? Wer kann
  sich mir an die Seite stellen und sich gleichstellen
  mit meinem Urteil?
11 [Den]n ich werde mit den Engeln gerec[hnet], [und]
  mein Ruhm mit dem der Söhne des Königs. Weder
  [geläutertes Go]ld, noch das Gold des Ophir

HYMNE 2, FASSUNG 1

Es existieren auch zwei Fassungen der zweiten Hymne.
Schauen wir uns zuerst Fassung 1 an,[15] die uns in 4QHa,
Fragment 7, Kolumne 1, Zeilen 13–23, und Kolumne 2,
Zeilen 1–14, erhalten ist.

Kolumne 1, Zeilen 13–23

13 Singt Loblieder, o ihr Geliebten, singt dem König
14 [des Ruhms, frohlockt in der Vers]ammlung Gottes.
  Singt aus Freude in den Zelten der Errettung, lobpreist
  in der [heiligen] Wohnung.
15 [Er]höht zusammen mit den ewigen Scharen, schreibt
  unserem Gott Größe zu und Ruhm unserem König.

16 [Heil]igt seinen Namen mit gewaltiger Rede und erhebt gemeinsam eure Stimmen mit hervorragender Rede.

17 Verkündet [zu a]llen Zeiten, sprecht es aus, frohlockt in ewiger Freude. Es soll kein

18 [Auf]hören sein mit gemeinsamen Verbeugungen in der Versammlung. Gesegnet sei der eine, der herrliche Wunder tut [und die Stärke seiner Hand bekannt macht,

19 indem er Geheimni]sse [entsiegelt], verborgene Dinge enthüllt, indem er jene erhebt, die stolpern, und jene unter ihnen, die fallen,

20 und den Schritt derer festigt, die auf Erkenntnis warten, aber die hochmütigen Versammlungen der ewig Stolzen in Staub wirft,

21 [herr]liche Geheimnisse [begrün]det und ruhmvolle [Wun]der wir[kt]; [gesegnet] er, der richtet mit dem tödlichen Zorn

22 [...] mit Gnade, Gerechtigkeit und der Fülle von Barmherzigkeit, flehendes Bitten

23 [...] Mitleid mit jenen, die seine große Güte enttäuschen, und eine Quelle von

Kolumne 2, Zeilen 1–14

1 [...]

2 [... Gottlosigkeit kommt zu einem Ende ...]

3 [... An]maßung [hat aufgehört, der Unterdrücker steht voll Scham von seinem Tun ab ...]

4 Täuschung [hat aufgehör]t, und es gibt keine unwissende Verderbtheit. Licht scheint hinaus und Fr[eude wird ausgeschüttet].

107

5 Trauer [hat aufgehört] und Kummer flieht. Friede
zeigt sich, Angst hat ein Ende, eine Quelle [ewigen]
S[egens] öffnet sich

6 und Heil für die Zeitalter der Ewigkeit. Lasterhaftig-
keit ist zu Ende gegangen, Qual hört auf, da es keine
Krank[heit] gibt, [Unrecht ist weggenommen]

7 [und Schuld soll nicht] mehr sein. [Ver]kündet und
sagt, Gott, der [Wunder t]ut, ist groß.

8 Denn er bringt in die Tiefe den Hochmut des Geistes,
sodass nichts übrig bleibt. Er erhebt den Unterdrückten aus dem Staub in [die Himmel],

9 und zu den Wolken erhöht er seine Gestalt, und [er
ist] bei den himmlischen Wesen in der Zusammenkunft der Gemeinschaft und *rp* [...]

10 Zorn für ewige Zerstörung. Sie, die auf den Boden fallen, wird er erheben ohne Anklage, und [immerwäh-
rende] Kr[aft begleitet]

11 ihren Schritt, und ewige Freude in ihren Wohnungen,
immerwährender Ruhm unaufhörlich [in alle Ewig-
keit].

12 Und sie sollen sagen, Gesegnet ist Gott, der gewaltige
[W]under [wir]kt und der große Dinge tut, um seine
wunderbare Stärke zu zeigen [und handelt gerecht]

13 [in] der Erkenntnis aller seiner Geschöpfe und gut vor
ihnen, dass sie erkennen mögen die Fülle seiner lie-
benden [Güte und die vielen Beweise]

14 seiner Gnade für alle Kinder seiner Wahrheit.[16]

HYMNE 2, FASSUNG 2

Fassung 2 der zweiten Hymne ist uns in fragmentarischer Form in den Zeilen 13–16 von 4Q491, Fragment 11, Kolumne 1, erhalten:[17]

13 [… Frohlocket, ihr] Gerechten unter den Engeln […]
   in der heiligen Wohnstatt. Preist ihn mit Gesang […]
14 [… V]erkündiget die Betrachtung der Freude […]
   freudig für immer. Es gibt nicht […]
15 […] zu erheben das Horn [seines] Mess[ias][18]
16 […] um seine Hand in Stärke bekannt zu machen
   […]

Wer war der Sprecher dieser Hymnen?

M. Baillet, der die zweite Fassung der ersten Hymne im Jahr 1982 veröffentlichte, war der Ansicht, bei dem Sprecher der Hymne handele es sich um den Erzengel Michael.[19] Das wurde indes von M. Smith in Zweifel gezogen.[20] Smith machte zurecht geltend, dass sich nur ein Mensch, nicht aber ein Engel damit brüsten würde, zu den Engeln zu zählen und fleischliche Begierden abgelegt zu haben.[21] Er gelangte zu dem Schluss, der Sprecher müsse ein Mitglied der Sekte gewesen sein. Diese Person, ein religiöser Lehrer, habe das Erlebnis einer Himmelfahrt gehabt und dieses in der Hymne festgehalten. J. J. Collins schließt sich in seinen ursprünglichen Äußerungen zu dem Text dieser Ansicht an,[22] hat aber in seinem Buch über den Messianismus von Qumran seine Meinung geändert und vertritt dort die These, bei dem

109

Protagonisten der Hymne handele es sich nicht um einen historisch wirklichen Lehrer der Gemeinschaft, sondern um die visionäre Figur des priesterlichen Messias oder Lehrers der »Endzeit«.[23]

In seinen jüngsten Ausführungen zu dem Thema räumt Collins allerdings wiederum ein, dass diese Vorstellung zweifelhaft sei. Auch wenn es in der Literatur vom Toten Meer Beschreibungen kommender messianischer Gestalten gebe, finde sich doch nichts, was auch nur entfernt dieser in der Ichform verfassten Hymne ähnele. In Collins Worten:

> »Das Problem ist, dass tatsächlich nirgends sonst im Korpus der Schriftrollen einer der Messiasgestalten Worte in den Mund gelegt werden und dass es also für eine Rede, wie sie in 4Q491 eine Messiasfigur hält, keine Parallele gibt. Und es existiert auch kein ähnlicher Fall, bei dem irgendjemand sonst vergleichbare Ansprüche erhöbe.«[24]

Collins schloss die Möglichkeit aus,[25] dass es sich bei dem Sprecher um den »Lehrer der Gerechtigkeit«, den Begründer und ursprünglichen Führer der Sekte handele,[26] da sich die Hymne in Stil und Inhalt vollständig von den Loblieder-Psalmen unterscheide, die dem »Lehrer der Gerechtigkeit« zugeschrieben würden. Zu Recht vertrat er auch die Ansicht, die hier beschriebene Person könne unmöglich eine aus verschiedenen Persönlichkeiten zusammengesetzte Kunstfigur sein.[27] Der Stil der Hymne und die Feststellungen, die sie enthalte, zeigten, dass es sich um eine einzelne Person, nicht um ein Kollektivsubjekt, handeln müsse.[28] Collins gelangte so in seiner jüngsten Stellungnahme zu dem Ergebnis, die Identität des Verfassers bleibe ein ungelöstes Rätsel.[29]

Eshel folgte der von Collins anfangs vertretenen und dann verworfenen These, bei dem Sprecher der Hymne habe man es möglicherweise mit dem Priester der Endzeit zu tun.[30] In ihren Augen war die Hymne vergleichbar mit dem Segen in der Gemeindeordnung,[31] von dem allgemein angenommen wird, dass er sich auf den Priester der Endzeit bezieht:[32]

»Mögt ihr [für immer] als ein Engel der Gegenwart in der heiligen Wohnstätte wohnen, zum Ruhm des Gottes der Heerschar[en.

Mögt ihr] dienen im Tempel des Königreichs Gottes indem ihr das Schicksal gemeinsam mit den Engeln der Gegenwart ordnet,

eine Gesellschaft der *Jahad* [mit den Heiligen für] immer, für alle Zeiten der Ewigkeit!

Gewiss sind [alle] seine [Vor]schriften Wahrheit!

Er möge euch als heilig unter sein Volk stellen als das ›größere [Licht‹, (1. Mose 1,16)] die Welt zu [er-leuchten] mit Erkenntnis

und auf das Gesicht vieler zu scheinen [mit Weisheit, die zu Leben führt.

Möge er euch] die Heiligsten der Heiligen krönen!«[33]

Eshel hob hervor, dass sowohl in der Hymne als auch in dem Segen der Protagonist als Lehrer erscheine und von ihm ge-sagt werde, er habe seinen Wohnsitz unter Engeln.[34] Da-durch kam sie zu dem Schluss, die Feststellungen in der Hymne bezögen sich auf denselben Priester der Endzeit, auf den auch der Segen gemünzt sei.

Ist diese Ansicht fundiert?

Ein sorgfältiger Vergleich zwischen den beiden Texten zeigt

meines Erachtens, dass die Unterschiede zwischen ihnen die Ähnlichkeiten überwiegen.

Im Segen aus der »Gemeindeordnung« findet man eindeutig priesterliche Elemente. Vom Helden wird gesagt, er diene »im Tempel des Königreichs Gottes«; das passt auf die Priester, die in der Bibel als »Diener des Herrn« erscheinen.[35] Er trägt außerdem die Krone der Heiligsten der Heiligen – eine Beschreibung, die auf den biblischen Hohen Priester Aaron zutrifft.[36] Demgegenüber ist in keiner Fassung der Hymnen mit der Hauptfigur ein priesterliches Element verknüpft.

Hinzu kommt, dass der Zusammenhang mit den Engeln, in dem Eshel eine der Gemeinsamkeiten zwischen den zwei Texten sah, nur in oberflächlichem Sinne existiert. In den Darstellungen der Bibel und der anderen Texte vom Toten Meer stehen die Engel vor Gott, der in seinem himmlischen Tempel auf einem Königsthron sitzt, und dienen ihm;[37] insofern ähnelt der Priester, auf den sich der Segen bezieht, in der Tat den Engeln: er dient Gott in einem königlichen Tempel. Die Hauptfigur der Hymnen hingegen steht nicht da, um in einem königlichen Tempel zu dienen. Er sitzt vielmehr im Himmel auf einem »mächtigen Thron« inmitten einer »Versammlung von Engeln«. Er hat weniger Ähnlichkeit mit einem dienenden Engel, als vielmehr mit dem König, mit Gott selbst. Das ist der eigentliche Sinn hinter seiner Frage: »Wer ist wie ich unter den Engeln?« In Wahrheit will er damit sagen: »Ich stehe über allen Engeln!«

Die Szene, die in der Hymne beschrieben wird – ein Mann, der auf einem mächtigen Thron im Himmel sitzt – passt nicht zu der Figur des Hohen Priesters, sondern zu der des königlichen Messias. Der Held der Hymne bezeichnet sich als »Gefährte des Königs«, mit anderen Worten: als Freund Gottes. König Salomon wurde Jedidja (»Freund des Königs«) genannt; von ihm hieß es, er habe auf dem »Stuhl des Herrn« (dem Thron Gottes) gesessen.[38]

In der Bibel treffen wir Personen, die auf einem Thron *neben* Gott sitzen. In Psalm 110,1 lädt Gott einen König ein, sich neben ihn zu setzen: »Setze dich zu meiner Rechten, bis ich deine Feinde zum Schemel deiner Füße mache.« Eine ähnliche Wendung finden wir im Buch Daniel im Zusammenhang mit dem geheimnisvollen »Menschensohn«, der wahrscheinlich auf einem Thron an der Seite Gottes saß (Daniel 7,9–14).

Der Sprecher der Hymne schildert sich, wie gesehen, als eine göttliche Person, die fragen kann: »Wer ist wie ich unter den Engeln?«

Die Vorstellung, dass der Messias oder König der Endzeit eine Gestalt mit göttlichen Eigenschaften ist, findet sich bereits in der Bibel. Der Prophet Jesaja sprach in diesem Zusammenhang vom »Ewig-Vater« (9,5); Jeremia zufolge würde der König der Endzeit »der Herr unsere Gerechtigkeit« genannt werden (23,6).

Abgesehen von dem königlich-messianischen Element gibt es noch ein anderes wichtiges Moment in dieser Hymne. Der Sprecher schildert sich als Leidenden. Er sagt:

»Und wer] ist verachtet wie [ich? Und wer]
ist verworfen [unter den Menschen] wie ich?«[39]

»Wer wird Leiden [erfahren] wie ich? Und wer ist wie
ich [im Ertragen] von Schlimmem?«[40]

Wie gesehen, steht dieses Motiv offensichtlich in einem Zusammenhang mit dem »leidenden Knecht« in Jesaja 53, der als der »Allerverachtetste und Unwerteste, voller Schmerzen und Krankheit« erscheint.

In der Figur, die in der Hymne beschrieben wird, verbinden sich Züge Gottes, des königlichen Messias und des »leidenden Knechtes« miteinander. Einige Wissenschaftler vertreten die Ansicht, es handele sich bei ihm um ein Kollektivsubjekt, das für das ganze Volk Israel stehe.[41] Aus den Informationen, die uns die zweite Hymne liefert, können wir indes ableiten, dass der Sprecher kein Kollektivwesen ist, sondern der Führer der Gemeinschaft, da hier die Erhebung des im Singular vorgestellten Führers:

> »Er erhebt den Unterdrückten aus dem Staub in [die Himmel],
> und zu den Wolken erhöht er seine Gestalt, und [er ist] bei den himmlischen Wesen in der Zusammenkunft der Gemeinschaft«

eindeutig von der Erhebung der ganzen Gemeinde, die im Plural auftritt, unterschieden wird:

> »Sie, die auf den Boden fallen, wird er erheben ohne Anklage.«[42]

Es ist interessant, die Sprache der ersten Fassung der zweiten Hymne mit derjenigen der übrigen Psalmen in der Loblieder-Schriftrolle zu vergleichen. Die folgenden Zeilen finden sich in einem Psalm der Loblieder-Rolle aus Höhle 1:

»und murmeln eine Klage und ein Stöhnen zur Lyra der
Klage für all die kummer[volle] Trauer [...]
Martern und bitteres Heulen,
bis Ungerechtigkeit ein Ende gefunden hat [...] und es
gibt keine Qual mehr, die einen schwächt. Dann
werde ich Loblieder singen zur Lyra der Errettung und zur
Harfe der Freu[de ...] und die Flöte des Lobpreises ohne
Unterlass.«[43]

Das Verschwinden von Ungerechtigkeit und Leid wird hier
als künftiges Ereignis beschrieben, das nach der Zeit des
Kummers, die gegenwärtig obwaltet, eintreten wird. Erst
dann können die Menschen »zur Lyra der Errettung singen«.
Vorerst herrscht noch »eine Klage und ein Stöhnen zur Lyra
der Klage«.
Dagegen spricht unsere Hymne von einer Gegenwart, die
bereits frei von Kummer ist und in der die Zeichen der Lösung sichtbar sind:

»Trauer [hat aufgehört] und Kummer flieht. Friede zeigt
sich, Angst hat ein Ende ...
Qual hört auf, da es keine Krank[heit] gibt.«[44]

Die Mitglieder der Gemeinschaft sind aufgerufen, hier und
jetzt das Lob der Erlösung zu singen:

»Singt Loblieder, o ihr Geliebten [...]
Singt aus Freude in den Zelten der Errettung.«[45]

Man gewinnt den Eindruck, dass der Verfasser der Hymne
die in den ursprünglichen Loblieder-Psalmen vorgefunde-

nen Gebetsformulierungen,[46] die sich auf die Erlösung als zukünftiges Ereignis beziehen, aufgreift und zur Schilderung eines Erlösungszustands der Gemeinschaft benutzt, der als Gegenwart begriffen wird. Er hat die Sprache der Hoffnung auf die Zukunft, die er in der Loblieder-Schriftrolle findet, auf die Gegenwart übertragen, um die Empfindungen der Sekte, die ihre Erlösung feiert, auszudrücken.[47]

Wir können also abschließend feststellen, dass die zwei Hymnen, die in die Loblieder-Schriftrolle eingefügt wurden, Zeugnisse einer messianischen Bewegung sind, die innerhalb der Gemeinschaft von Qumran entstand. Der messianische Führer dieser Bewegung war das Ichsubjekt der Selbstverherrlichungshymne.

B. Zwischen Rom und Jerusalem

Die Vision vom Sohn Gottes

Als Jesus am Kreuz starb, äußerte ein Hauptmann, der dabeistand: »Wahrlich, dieser Mensch ist Gottes Sohn gewesen!«[1] Dem Lukasevangelium zufolge erhielt Jesus die Bezeichnung »Sohn Gottes« schon bei Mariä Verkündigung:

> »Siehe, du wirst schwanger werden und einen Sohn gebären, des Namen sollst du Jesus heißen.
> Der wird groß sein und ein Sohn des Höchsten genannt werden [...]
> Der Heilige Geist wird über dich kommen, und die Kraft des Höchsten wird dich überschatten; darum wird auch das Heilige, das von dir geboren wird, Gottes Sohn genannt werden.« (Luk. 1,31–32, 35)

Nach Bultmanns Ansicht war die Vorstellung vom göttlichen Ursprung Jesu seinen Jüngern noch nicht bekannt; sie entstand später in der hellenistischen Kirche: »[...] sie wäre erst in der hellenistischen Umformung hinzugekommen; denn auf hellenistischem Boden ist der Gedanke der Erzeugung des Königs oder Heros durch die Gottheit aus der Jungfrau verbreitet«.[2]
Mir scheint, dass nach der Entdeckung der Schriftrollen vom Toten Meer die Gültigkeit der Bultmannschen These einer Überprüfung bedarf.

Abb. 11 Der »Sohn Gottes«-Text aus Qumran: 4Q246

Eines der aufregendsten Dokumente, das in den Qumran-
Höhlen entdeckt wurde, bezeichnet man als »Vision vom
Sohn Gottes«.[3] Dieser Text spricht von einer Person, die
»Gottessohn« und »Sohn des Höchsten« genannt wird und
von der es heißt, sie werde »Herrscher über das Land« sein.
Das sind exakt die gleichen Begriffe, mit denen der Erzen-
gel Gabriel Jesus beschreibt, als er Maria dessen Geburt an-
kündigt.
Der Qumran-Text (4Q246, Kolumne 1–2) ist auf Aramä-
isch geschrieben und beginnt damit, dass ein Seher das
Wort an einen König richtet und ihm die Kriege schildert,
die in der Zukunft ausbrechen werden:[4]

Kolumne 1

4   [... Durch] große [Könige] kommt Leid über das Land.

5   [... Krieg wird zwischen den Menschen sein] und Mord und Totschlag in den Provinzen.

Auch der König von Assyrien und Ägypten wird im Zusammenhang mit dieser Kriegszeit erwähnt. Danach allerdings werde ein neuer König an die Herrschaft gelangen, und alle Völker würden Frieden mit ihm schließen und ihm dienen. Dieser König werde »Gottessohn« und »Sohn des Höchsten« genannt werden:

7   [Ein anderer/letzter König wird sich erheben, und] er wird der Herrscher über das Land sein.

8   [Die Könige] werden ihm untertan sein und alle werden [ihm] gehorchen.

9   [Der Sohn des gr]oßen [Herrn] wird er genannt werden und seinen Namen wird er tragen.[5]

Kolumne 2

1   Er wird der Gottessohn genannt werden, sie werden ihn den Sohn des Höchsten nennen.

Der Text wechselt nun in die Pluralform über und spricht von Königen, deren Herrschaft »wie die Kometen« sein werde. Diese Könige würden ein paar Jahre über die Erde herrschen und sie unter ihren Füßen zertreten:

1   ... Doch wie die Kometen,
2   die du in deiner Vision sahst,[6] wird ihr Königreich
     sein. Sie werden jahrelang regieren
3   über das Land, und sie werden alles zertreten: Völker
     werden Völker und Provinzen werden Provinzen zer-
     treten.

In der folgenden Passage findet man eine Schilderung des
Aufstiegs des Volkes Gottes, mit dem eine Zeit des wahren
Friedens und der Gerechtigkeit anbrechen werde. Die Herrschaft des Gottesvolks werde ewig währen und alle Völker
würden sich vor ihm neigen:

4   [*vacat*][7] bis Gottes Volk sich erhebt; dann werden alle
     Ruhe vom Krieg haben.
5   Ihr Königreich wird ein ewiges Königreich sein, und
     ihre Wege werden rechtschaffen sein. Sie werden
6   im Land gerecht urteilen, und alle Nationen werden
     Frieden schließen. Krieg wird ablassen vom Land,
7   und alle Nationen werden sich vor ihnen verbeugen.
     Der große Gott wird ihr Helfer sein,
8   Er selbst wird für sie kämpfen und Völker in ihre
     Macht einsetzen und sie alle vor ihnen umstürzen.
     Gottes Herrschaft wird eine ewige Herrschaft sein.

Die faszinierende Frage, die dieser Text aufwirft, lautet: Wer
ist die »Gottessohn« genannte Person, mit der alle Frieden
schließen und der alle dienen werden? Und in welcher Beziehung steht sie zu Jesus?[8]
Die Lösung dieses Geheimnisses um die Identität des »Gottessohns« muss nach meiner Ansicht einem Verständnis der

120

historischen Umstände entspringen, unter denen dieser Text geschrieben wurde. Üblicherweise datiert man die Schriftrollen von Qumran mittels paläographischer Untersuchungen – das heißt durch die Prüfung der Schriftform des jeweiligen Textes. Nach Maßgabe dieser Untersuchung wurde unser Text etwa um 25 v. Chr. niedergeschrieben.[9] Der Zeitpunkt der Niederschrift eines Textes ist indes nicht unbedingt auch der Zeitpunkt seiner Entstehung. Es könnte sich auch um die Kopie eines früher verfassten Werkes handeln.[10]

Ich denke, das apokalyptische Werk, das dieses Dokument enthält, wurde in römischer Zeit geschrieben. Meiner Überzeugung nach lässt sich der Inhalt des Werkes sehr gut im Licht der politischen Situation verstehen, die in der zweiten Hälfte des 1. Jahrhunderts v. Chr. im Römischen Reich herrschte.

Schauen wir uns noch einmal die Ereignisse dieses Zeitraums an, von denen bereits zu Beginn des zweiten Kapitels die Rede war:

Im Jahr 44 v. Chr. wurde Julius Cäsar ermordet. Cäsar hatte in seinem Testament Oktavian, den Sohn seiner Nichte, als Adoptivsohn anerkannt. Der Adoptivsohn erhielt nun den Namen des Ermordeten und hieß fortan Gaius Julius Caesar Octavianus. Im Juli 44 v. Chr. veranstaltete Oktavian Spiele zum Gedenken an Cäsar. Während die Spiele stattfanden, erschien sieben Tage hintereinander ein Komet am Himmel. In der römischen Bevölkerung erregte das großes Aufsehen. Der Komet wurde *Caesaris astrum* oder *sidus Iulium* genannt und von den Römer als Cäsars Seele angesehen, die zum Himmel aufgestiegen und ein Gott geworden war. Die

Episode findet sich in Oktavians Erinnerungen beschrieben:

»Gerade an den Tagen meiner Spiele wurde ein Haarstern sieben Tage lang am nördlichen Teil des Himmels erblickt; er ging um die elfte Tagesstunde auf, war sehr leuchtend und in allen Ländern sichtbar. Das Volk glaubte, durch diesen Stern werde die Aufnahme der Seele Caesars unter die unsterblichen Götter angezeigt; um dessentwillen wurde dieses Sternzeichen am Abbild seines Kopfes angebracht, das später auf dem Forum geweiht wurde.«[11]

Der Komet wurde nicht nur als Beweis für die Göttlichkeit Cäsars, sondern auch als Zeichen des Beginns einer neuen Ära, eines »Goldenen Zeitalters« betrachtet.[12] Zugleich nahm man sie als Indiz für die göttliche Natur Oktavians, des neuen Herrschers.[13] Um zu betonen, dass er Sohn des »göttlichen Cäsar« war, nannte sich Oktavian *divi filius,* was so viel bedeutet wie »Sohn des Vergöttlichten« oder »Sohn Gottes«.[14]

Die Jahre, die auf die Ermordung Cäsars folgten, waren Kriegsjahre. Nach ihrem siegreich beendeten gemeinsamen Kampf gegen Cäsars Mörder teilten Oktavian und Mark Anton das Reich unter sich auf. Oktavian hatte seinen Sitz in Rom und herrschte über den westlichen Teil des Reiches, während Mark Anton in Alexandrien residierte und über Ägypten, Syrien und andere Länder des Ostens regierte. Die engen Beziehungen Mark Antons zu Kleopatra, der Königin von Ägypten, sorgten für starke Spannungen zwischen den zwei Herrschern; ihre Rivalität führte schließlich im Jahr 31 v. Chr. zur Seeschlacht bei Aktium. Antonius und

Abb. 12 Augustus krönt eine Statue
von Julius Cäsar mit dem Stern
(Denar des L. Lentulus, 12 v. Chr.)

Kleopatra unterlagen Oktavian. Sie flohen nach Alexandrien,
wo sie sich das Leben nahmen.

Oktavian war nun Alleinherrscher über das Reich. Er erhielt
den Titel »Augustus«, »Erhabener«; in vielen Provinzen des
Reiches wurden Tempel und Altäre errichtet, die dem Zweck
dienten, ihn als einen Gott kultisch zu verehren. Nach der
Schlacht bei Aktium herrschte Frieden im Reich, und es
begann eine Zeit der Ruhe und des Wohlstands.

Meiner Überzeugung nach steht der »Sohn Gottes«-Text aus
Qumran in einem Zusammenhang mit den Ereignissen in
dem Zeitraum von der Ermordung Cäsars im Jahr 44 v. Chr.
bis zu dem Jahrzehnt nach der Schlacht bei Aktium. Zu
Beginn des Textes ist von einer Kriegs- und Leidenszeit die
Rede; dabei wird der »König von Syrien und Ägypten« erwähnt. Diese Zeit der Wirren sind die grausamen Kriegsjahre zwischen 44 und 32 v. Chr., während mit dem »König
von Syrien und Ägypten« niemand anderer gemeint ist als
Mark Anton, der über die beiden Länder herrschte. Wie gesehen, spricht der Text dann vom Aufstieg eines Herrschers,
der »Sohn Gottes« genannt wird:

»[Ein anderer/letzter König wird sich erheben, und] er wird der Herrscher über das Land sein.

[Die Könige] werden ihm untertan sein und alle werden [ihm] gehorchen.

[Der Sohn des gr]oßen [Herrn] wird er genannt werden und durch seinen Namen gekennzeichnet sein.

Er wird der Gottessohn genannt werden, sie werden ihn den Sohn des Höchsten nennen.«

Bei dem König, der »Herrscher über das Land sein (wird)« und dem »alle gehorchen (werden)«, handelt es sich um Oktavian, der den Titel Augustus führte. Er war Alleinherrscher über das Römische Reich und wurde von seinen Untertanen als Gott verehrt. Als »Sohn des großen Herrn« wird er bezeichnet, weil er von dem großen Herrscher als Sohn adoptiert wurde und dessen Namen erhielt: Caesar Octavianus. Die Titel »Gottessohn« und »Sohn des Höchsten« beziehen sich ebenfalls auf Augustus, der sich auch so nennen ließ. Der Text fährt dann fort:

»Doch wie die Kometen,
    die du in deiner Vision sahst, wird ihr Königreich sein.«

Die Pluralform bezieht sich auf den »großen Herrn« und seinen Adoptivsohn, das heißt, auf Julius Cäsar und Augustus. Der Verfasser des Textes vergleicht die Herrschaft der beiden mit Sternschnuppen oder Kometen. Ein Komet erschien auch während der Spiele, die Augustus zum Gedenken an Cäsar veranstaltete; er wurde zum Symbol der Göttlichkeit Cäsars und der Herrschaft des Augustus. Dann heißt es im Text:

»Sie werden jahrelang regieren
über das Land, und sie werden alles zertreten.«

Cäsar und Augustus regierten jahrelang über das Land. Sie
zertraten und unterdrückten die Bevölkerung des Reiches
und erlegten ihr harte Steuern auf. Wenn der Verfasser hier
das Wort »zertreten« verwendet, dann deshalb, weil nach
seiner Ansicht Rom mit dem vierten Tier in Daniels Vision
identisch ist – und von diesem wird gesagt, es werde »alle
Länder fressen, zertreten und zermalmen«.[15] Den Erwartun-
gen des Verfassers zufolge aber würde diese Unterdrückung
durch Rom ihr Ende finden und an ihre Stelle das ewige
Königreich des von Gott auserwählten Volkes treten. Dieses
Volk Gottes war für ihn gleichbedeutend mit dem »Menschensohn« aus dem Buch Daniel (7,13–14,27).
Augustus gab sich als Erretter der Menschheit, und viele
Menschen sahen damals tatsächlich in ihm den Heiland und
Erlöser, der Frieden für die Welt brachte. Wie bei Sueton
nachzulesen, hatte der berühmte Schriftsteller und Redner
Cicero einen Traum, in dem Augustus an goldenen Ketten
vom Himmel herabgelassen wurde.[16] Die Juden der damaligen Zeit, die auf die Erfüllung der biblischen Prophezeiung
warteten, konnten in Augustus die Verkörperung des »Menschensohns« sehen, der »mit den Wolken des Himmels«
kommen und dem Gott »Macht, Ehre und Reich« geben
würde, »dass ihm alle Völker und Leute aus so vielen verschiedenen Sprachen dienen sollten«.[17] Der Verfasser des
Qumran-Textes indes widersprach dieser Sicht. Nach seiner
Überzeugung war Augustus nichts weiter als ein Eroberer
und Unterdrücker. Die *Pax Romana* des Augustus war kein
echter Friede, sondern wurde dadurch erreicht, dass die Rö-

mer die Völker, die sie besiegt hatten, unterdrückten und zertraten. Die Herrschaft des Augustus war nicht von Dauer. Wahrer Friede und Erlösung kam erst mit dem Erscheinen des wirklichen »Menschensohns«, des Volkes Gottes:

> »Bis Gottes Volk sich erhebt; dann werden alle Ruhe vom Krieg haben.«

Jesus als Sohn Gottes

Die drei synoptischen Evangelien beginnen damit, dass sie Jesus als den Sohn Gottes einführen. Die Vorstellung vom göttlichen Ursprung Jesu findet sich in der Geschichte von der Verkündigung, die Joseph erhält: »[…] denn das in ihr geboren ist, das ist von dem heiligen Geist«. (Matth. 1,20)

Schauen wir uns abermals Bultmanns Kommentar zu dieser Geschichte an:

> »Der Gedanke der göttlichen Zeugung aus der Jungfrau ist dem Alten Testament und dem Judentum nicht nur fremd, sondern er ist in ihrer Sphäre auch unmöglich […] Speziell ist die Vorstellung von der jungfräulichen Geburt des Messias dem Judentum fremd. […] das auf jüdischem Boden unerhörte Motiv der Jungfrauengeburt […] wäre erst in der hellenistischen Umformung hinzugekommen; denn auf hellenistischem Boden ist der Gedanke der Erzeugung des Königs oder Heros durch die Gottheit aus der Jungfrau verbreitet.«[18]

126

Bultmann vertritt die Ansicht, der Titel »Gottessohn« beziehe sich in der Tat auf die Vorstellung von einem göttlichen Ursprung Jesu; da aber diese Vorstellung zu Jesu Lebzeiten dem Judentum fremd gewesen sei, müsse man darin – wie auch in den Erzählungen von der Geburt Jesu – spätere Elemente sehen, die nach seinem Tod von der hellenistischen Kirche hinzugefügt worden seien.

Unsere Befunde werfen ein neues Licht auf den Titel »Sohn Gottes«. Wir haben festgestellt, dass in dem als »Vision vom Sohn Gottes« bezeichneten Qumran-Text, der um das Jahr 25 v. Chr. geschrieben wurde, Kaiser Augustus mit diesem Titel versehen wurde. In dem Text heißt es von Augustus, er werde »Sohn des Höchsten« genannt werden und »Herrscher über das Land« sein.[19] Wie gesehen, entspricht das haargenau der Verkündigung des Erzengels Gabriel an Maria: »Der wird groß sein und ein Sohn des Höchsten genannt werden [...] darum wird auch das Heilige, das von dir geboren wird, Gottes Sohn genannt werden.« (Luk. 1,32,35)

Angesichts der ausgeprägten Ähnlichkeiten im Wortlaut, die zwischen dem Qumran-Text und dem Lukasevangelium bestehen, möchten wir meinen, dass die Darstellung Jesu als Sohn Gottes und die Geschichte von der Verkündigung nicht erst, wie Bultmann geltend machen will, in der hellenistischen Kirche entstanden. Vielmehr handelt es sich dabei um Material, das aus Qumran übernommen wurde und dem 1. Jahrhundert v. Chr. entstammt. Die Übernahmen geschahen durch jemanden, der mit dem Qumran-Text vertraut war und das Aramäisch verstand, in dem dieser abgefasst war. Wir können daraus schließen, dass die Überlieferung der Verkündigung Gabriels an Maria, in der Jesus eine göttliche Natur bescheinigt wird, aus Israel stammt und keine Zutat der hellenistischen Kirche ist. Und daraus folgt: Wir können nicht mehr ausschließen, dass Jesus selbst sich tatsächlich als »Sohn Gottes« betrachtete.

Der Messias von Qumran und die römische Eschatologie

Der Gedanke, dass Titel des Augustus auf Jesus übertragen wurden, führt zu der Frage nach dem möglichen Einfluss, den im 1. Jahrhundert v. Chr. die römische und augusteische Ideologie auf den jüdischen Messianismus ausübte.

Bemerkenswert ist, dass die Figur des Messias und die Beschreibung des Zeitalters der Erlösung in den messianischen Hymnen von Qumran eine überraschende Ähnlichkeit mit der Figur des Erlösers und der Schilderung des »neuen Zeitalters« aufweisen, die wir in dem als Vierte Ekloge bekannten Hirtengedicht Vergils finden.[20]

Vergil war ein Zeitgenosse des qumranischen Messias. Er schrieb sein Gedicht im Jahr 40 v. Chr. In den vierziger Jahren des 1. Jahrhunderts v. Chr. war Rom erfüllt von Heilsverlangen. Der Zusammenbruch der Republik, die Bürgerkriege und die Ermordung Julius Cäsars hatten die Römer in einen Zustand tiefer Niedergeschlagenheit versetzt und ihnen das Gefühl vermittelt, dass nur ein Wunder wirkender Erlöser sie zu retten vermochte. In der Vierten Ekloge wendet sich Vergil an Gaius Asinius Pollio (76–5 v. Chr.), der im Jahr 40 v. Chr. römischer Konsul war. Pollio, ein bekannter Staatsmann, Geschichtsschreiber und Intellektueller, zählte zu Vergils Gönnern. Vergil versichert ihm, unter seinem Konsulat werde eine große Veränderung eintreten und ein neues Zeitalter beginnen:

>»Also beginnt die Zierde der Zeit und nehmen die großen
Monde den Lauf, da du des Konsuls Würde verwaltest,
Pollio, Führer des Jahres; jetzt weicht von Frevel und Grauen
Jede gebliebene Spur, erleichtert atmen die Länder.«[21]

Vergils Ankündigung eines neuen Zeitalters, in dem Schuld und Angst verschwunden sind, hat außerordentlich große Ähnlichkeit mit der Heilsverkündigung in der messianischen Hymne aus Qumran:

>»Friede zeigt sich, Angst hat ein Ende,
[Unrecht ist weggenommen]
[und Schuld soll nicht] mehr sein.«[22]

In Vergils Vision steht die Befreiung von Schuld und Angst in Zusammenhang mit dem Erscheinen eines wundersamen Kindes. Dieses Kind ist der Sohn der Götter[23] und verkehrt mit Gottheiten und Heroen:

>»Göttlich Schicksal teilet das Kind und schaut die Heroen
Wandelnd im seligen Schwarm; sie selber grüßen ihn freundlich ...«[24]

Die Beschreibung erinnert an den qumranischen Messias:

>»Denn ich wohnte [...] in den Himmeln [...]

Ich werde zu den Engeln gerechnet und mein Wohnsitz ist in der heiligen Gemeinschaft.«[25]

Im Jahr 40 v. Chr., in dem Vergil die Vierte Ekloge schrieb, trafen Mark Anton und Augustus in Brindisium eine Vereinbarung, die zur politisch motivierten Heirat des Ersteren mit Oktavia, der Schwester des Augustus, führte. Das wundersame Kind, von dem Vergil spricht, war offenbar die erhoffte Frucht aus dieser Ehe.[26] W. Clausen bemerkt dazu:

>»Lesern der damaligen Zeit wäre die Frage, um wen es sich bei dem Knaben handeln könne, gar nicht in den Sinn gekommen. Sie wussten sehr wohl, wer gemeint war: der erwartete Spross von Antonius und Octavia [...] der Sohn, der nie zur Welt kam; stattdessen wurde ihnen eine Tochter geboren.«[27]

Wie gesehen, war die Verbindung nicht von Bestand. Mark Anton verließ seine Frau Oktavia und kehrte zu Kleopatra, der Königin von Ägypten, zurück. Nachdem Mark Anton seine Frau verstoßen und Kleopatra geheiratet hatte, führte Augustus Krieg gegen die beiden. In der Seeschlacht bei Aktium bereitete Augustus ihnen eine vernichtende Niederlage. Er wurde Alleinherrscher über das Reich, und Vergil feierte ihn als denjenigen, der die Vision vom »Sohn Gottes« verwirklicht und den Anbruch des »neuen Zeitalters« bewirkt hatte:

>»Dies ist der Mann, er ist's, der so oft vom Schicksal verheißne

Caesar Augustus, des Göttlichen Sohn, der das goldene
Alter
wieder nach Latium bringt [...]«[28]

Augustus seinerseits sah sich ebenfalls als jemand, der ein
neues Zeitalter heraufgeführt hatte.[29] Er war der »Sohn des
Gottes«, der Frieden in die Welt und ihren Bewohnern das
Heil brachte. Dieses Bild von ihm als einem Heilsbringer
der Menschheit spiegelt sich deutlich in der folgenden Inschrift aus dem Jahr 9 v. Chr. wider:

> »Die Vorsehung, die mit göttlicher Macht unser Leben
> ordnete, schuf [...] das unübertrefflich Beste für unser
> Dasein, indem sie Augustus hervorbrachte und ihn zum
> Wohle der Menschheit mit Tugend erfüllte, uns [...] einen
> Erretter sandte, der dem Krieg ein Ende setzte. [...] Als er
> erschien, übertraf er die Hoffnungen all derer, die auf frohe
> Kunde gewartet hatten [...]«[30]

Der göttliche Charakter des Heilsbringers Augustus kommt
auch in der Kunst der damaligen Zeit klar zum Ausdruck.[31]
Manche Abbildungen zeigen Augustus, wie er auf einem
prächtigen Thron in der Gemeinschaft der Götter sitzt.[32]
Der Messias von Qumran sieht sich, diesen Abbildungen des
Augustus entsprechend, ebenfalls auf einem »mächtigen
Thron in der Versammlung der Engel« sitzen.[33] Die messianischen Hymnen aus Qumran schildern die Zeit der Erlösung ähnlich, wie das Vergil in seiner Beschreibung des
neuen Zeitalters tut. Da das Wirken des qumranischen Messias in die Regierungszeit des Augustus fällt, müssen wir die
Möglichkeit in Betracht ziehen, dass der Messias auch von

der politischen und kulturellen Atmosphäre in Rom geprägt war, wie sie in Vergils Dichtung und in der Propaganda des Augustus zum Ausdruck kommt.

Hatte man im Land des Volkes Israel von der Vierten Ekloge gehört? War die Gemeinschaft von Qumran vertraut mit der Propaganda des Augustus, die diesen als einen Heilsbringer darstellte, der ein neues Zeitalter heraufführte?

Die Antwort auf die zweite Frage haben wir im ersten Teil dieses Anhangs tatsächlich bereits gegeben. Wir haben gesehen, dass der qumranische Text über den »Sohn Gottes« bestimmte zentrale Punkte der Augusteischen Ideologie aufgreift: die Charakterisierung des Augustus als »Sohn Gottes« und die Erwähnung des Kometen, der für den Eintritt des neuen Zeitalters steht.

Wie es scheint, können wir jetzt auch die erste Frage mit Ja beantworten. Die Vierte Ekloge ist an den Konsul Asinius Pollio gerichtet, der ein Gönner Vergils war und zu dem Herodes eine besondere Beziehung unterhielt. Die Bekanntschaft der beiden datiert aus dem Jahr 40 v. Chr., in dem auch die Vierte Ekloge entstand. Zu dieser Zeit hatte Mattathias Antigonos, der letzte hasmonäische Herrscher (40–37 v. Chr.), mit Unterstützung der Parther in Judäa die Macht ergriffen. Herodes floh vor Antigonos und seinen parthischen Verbündeten nach Rom, wo er sich an Mark Anton um Hilfe wandte. Auf dessen Betreiben und mit dem Einverständnis von Augustus trat der römische Senat daraufhin zusammen und erklärte Herodes zum König von Judäa. Nach dem Ende der Senatssitzung schritten Mark Anton und Augustus mit Herodes in der Mitte zum Kapitol. Angeführt wurde die Prozession von den damals amtierenden Konsuln: Gaius Domitius Calvinus und Gaius Asinius Pollio.[34]

132

Die Verbindung zwischen Pollio und Herodes wurde in den folgenden Jahren enger. Im Jahr 22 v. Chr. schickte Herodes seine Söhne Alexander und Aristobulus nach Rom, um sie dort erziehen zu lassen. Die Knaben blieben ungefähr fünf Jahre in der Stadt und lebten im Haus des Pollio, von dem Josephus sagt, er sei ein »sehr guter Freund« des Herodes gewesen.[35] Wir können deshalb davon ausgehen, dass Herodes und sein Hof tatsächlich Kenntnis von der Vierten Ekloge hatten, die Vergil dem Pollio widmete.

Angesichts dieser Beweislage halte ich es für sehr wohl denkbar, dass der Messias von Qumran durch die Vergilsche Heilsvorstellung und die Propaganda des Augustus beeinflusst war. Augustus wurde als ein Herrscher von göttlicher Natur dargestellt, der irdisches und himmlisches Königreich miteinander verschmolz. Im gleichen Geiste beschreibt auch der qumranische Messias seine Beziehung zu Gott und seine Stellung im Himmel nach Maßgabe der Verhältnisse an einem königlichen Hof. Er bezeichnet sich als »Freund des Königs« – das heißt als Freund Gottes – und erklärt sich für gleichrangig mit den »Söhnen des Königs«, den Engeln. In der messianischen Hymne aus Qumran treffen wir eine Vorstellung an, wie sie in der jüdischen Literatur ohne Beispiel ist: das Bild von einem Messias, der göttlicher Natur ist, auf einem himmlischen Thron sitzt und mit den Engeln Umgang pflegt. Mit diesem Messias bricht ein neues Zeitalter an, in dem Schuld, Sünde und Angst verschwunden sind. Möglich, dass dieses Bild unter dem Einfluss der Vergilschen Heilsbotschaft und unter dem Eindruck der bildlichen Darstellungen entstand, die Augustus auf einem von Göttern umgebenen Thron zeigen.[36]

Abkürzungsverzeichnis

ANRW *Aufstieg und Niedergang der Römischen Welt*
BBR *Buletinul Bibliotecii Romane*
BICS *Bulletin of the Institute of Classical Studies,* Universität London
CBQMS *Catholic Quarterly, Monograph Series*
CQ E. Quimron (Hrsg.), »The Text of CDC«, *The Damascus Document Reconsidered,* hrsg. von M. Broshi, Jerusalem 1992, S. 9–49.
CR *Classical Review*
DJD *Discoveries in the Judean Desert,* Oxford 1955–
DSD *Dead Sea Discoveries*
Ebib *Études Bibliques*
HTR *Harvard Theologcial Review*
ICC *International Critical Commentary*
JBL *Journal of Biblical Literature*
JQR *Jewish Quarterly Review*
JRS *Journal of Roman Studies*
JSOT *Journal for the Study of the Old Testament*
JSQ *Jewish Studies Quarterly*
JTS *Journal of Theological Studies*
NT *Novum Testamentum*
NTS *New Testament Studies*
RBPH *Revue Belge de Philologie et d'Histoire*
RQ *Revue de Qumran*
TAPA *Transactions and Proceedings of the American Philological Association*

TDNT *Theological Dictionary of the New Testament* 1–9, Grand Rapids 1964–74

TDOT *Theological Dictionary of the Old Testament* 1–, Grand Rapids 1974 –

ZDPV *Zeitschrift des Deutschen Palästina-Vereins*

Anmerkungen

Vorwort

1 R. A. Kugler, »Holiness, Purity, the Body, and Society«, *JSOT* (76/1997), S. 5.

Einleitung

1 Er bekannte sich allenfalls in Reaktion auf entsprechende Äußerungen anderer zu seiner messianischen Sendung. Siehe Matthäus 16,17, 22,64; Markus 14,62; Lukas 22,70.

2 Matthäus 16,20; Markus 8,30; Lukas 4,35, 9,21.

3 Matthäus 16,21, 17,12, 20,18–19; Markus 8,31, 9,12, 9,31, 10,33–34, 14,21; Lukas 9,22, 9,44, 18,31–33.

4 Einen Überblick über die Literatur zu dieser Frage bietet J. C. O'Neill, *Who Did Jesus Think He Was?*, Leiden 1955, S. 7 ff.

5 W. Wrede, *Das Messiasgeheimnis in den Evangelien*, Göttingen 1901; Rudolf Bultmann, *Theologie des Neuen Testaments*, 9. Aufl., Tübingen 1984, S. 26 ff.

6 Bultmann, *Theologie des Neuen Testaments*, S. 32.

7 Wrede, *Das Messiasgeheimnis*, S. 82–92; Bultmann, *Theologie des Neuen Testaments*, S. 32; ders., *Die Geschichte der synoptischen Tradition*, Göttingen 1931, S. 163f.

8 Siehe hingegen die Kritik, die Helmut Koester in sei-

ner äußerst wichtigen Studie »The Memory of Jesus'
Death and the Worship of the Risen Lord«, *HTR*
(91/1998), S. 334–50 und Anm. 23, an Bultmanns
Methode und an dem neuen Ansatz übt.

1. Das messianische Geheimnis

1 Der Palast stand in dem Gebiet südlich des heutigen
Jaffators.
2 Die Essener waren eine jüdische Sekte. Nach Überzeugung der meisten Gelehrten schrieben sie die Schriftrollen, die in Qumran gefunden wurden und als
»Schriftrollen vom Toten Meer« bekannt sind. Das
Stadtviertel der Essener befand sich in der Gegend, die
heute den Namen Berg Zion trägt. Dass die Essener
dort lebten, verrät uns die Lage des Essener-Tors, dessen Überreste am Südhang des Berges Zion entdeckt
worden sind. Eine archäologische Grabung an dieser
Stelle ergab, dass man das Tor in der Zeit des Königs
Herodes in die Stadtmauer eingefügt hatte. Siehe
B. Pixner, D. Chen und Sh. Margalit, »Mount Zion:
›The Gates of the Essenes Reexcavated‹«, *ZDPV*
(105/1989), S. 85–95. Zum Stadtviertel der Essener
auf dem Berg Zion siehe R. Raisner, »Jesus, the Primitive Community, and the Essene Quarter of Jerusalem«, *Jesus and the Dead Sea Scrolls,* hrsg. von J. H. Charlesworth, New York 1992. Auch die Überreste eines
Friedhofs der Essener, die B. Zissu entdeckte, zeugen
von der Anwesenheit der Essener in Jerusalem. Siehe
B. Zissu, »Qumran Type Graves in Jerusalem: Archeo-

logical Evidence of an Essene Community?«, *DSD* (5/1988), S. 158–71.

3 Siehe Flavius Josephus, *Der Jüdische Krieg* 2,128, hrsg. von O. Michel und O. Bauernfeind, Darmstadt 1959.

4 Siehe J. M. Baumgarten, »Qumran Cave 4 XIII«, *DJD* 18, Oxford 1996, S. 181; A. Steudel, »The Houses of Prostration«, *RQ* (16/1993–95), S. 49–66.

5 Über die Morgengebete der Essener siehe Josephus, *Der Jüdische Krieg* 2,128. Über die Morgengebete in den Texten vom Toten Meer siehe M. Weinfeld, »The Morning Prayers in Qumran and in Conventional Jewish Literature«, *Memorial Jean Carmignac,* hrsg. von E. Puech und F. Garcia Martinez, Paris 1988, S. 481–94; ders., »On the Question of Morning Benedictions at Qumran«, *Tarbiz* (51/1982), S. 495–96; R. Brody, »Morning Benedictions at Qumran?«, *Tarbiz* (51/1982), S. 493–94, sowie D. Falk, *Daily, Sabbath, and Festival Prayers in the Dead Sea Scrolls,* Leiden 1998, S. 21–124.

6 Siehe Flavius Josephus, *Jüdische Altertümer* 15,317, übers. von H. Clementz, 13. Aufl., Wiesbaden 1998.

7 Josephus, *Der Jüdische Krieg* 1,401.

8 Ebd., 5,172–83.

9 Zu den Taubenschlägen siehe ebd.; zu Herodes' Tauben siehe Mischna, Chulin 12,1.

10 Siehe Josephus, *Jüdische Altertümer* 15,317, und ders., *Der Jüdische Krieg* 1,538, 571, 620. Zu Herodes' Gerichtssitzungen siehe A. M. Rabello, »Hausgericht im Haus von Herodes dem Großen?« (Hebräisch), *Jerusalem in the Second Temple Period: A. Shalit Memorial Volume,* hrsg. von A. Oppenheimer, U. Rappaport und M. Stern, Jerusalem 1980, S. 119–35.

11 4Q525, Kolumne 4,23–25; E. Puech, »Qumran Grotte 4«, *DJD* 25, Oxford 1998, S. 146.

12 Da der Palast des Herodes nicht erhalten ist, lässt sich über die Wandmalereien, die er enthielt, nichts Genaues sagen. Meine Beschreibung der Wandgemälde stütze ich auf die Malereien, die im Palast des Herodes in Massada entdeckt wurden. In diesen Malereien findet man geometrische Muster, die eine bemerkenswerte Ähnlichkeit mit denen im Palast des Augustus aufweisen. Siehe J. Geiger, »Herod and Rome: New Aspects«, *Die Juden in der hellenistisch-römischen Welt: Studien zum Gedenken an Menachem Stern,* hrsg. von I. M. Gafni, A. Oppenheimer und D. R. Schwartz, Jerusalem 1996, S. 139 (Hebräisch).

13 Bei der Schilderung der Mahlzeit folge ich Geiger, »Herod and Rome«, S. 145. Die Schilderung stützt sich hauptsächlich auf die Funde in Massada. Zur Fischsoße, die Herodes aus Rom geschickt bekam, siehe H. M. Cotton und J. Geiger, *Massada II: The Yigael Yadin Excavations 1963–65. Final Reports. The Latin and Greek Documents,* Jerusalem 1989, S. 166–67.

14 Siehe Cotton und Geiger, *Massada II,* S. 163–64.

15 Was die Weinsendung betrifft, siehe ebd., S. 140–49. Cotton und Geiger nehmen an, dass Herodes den Wein irgendwann zwischen Januar und dem 12. Oktober des Jahres 19 v. Chr. geschickt bekommen haben muss. Die Seefahrt von Italien nach Palästina dauerte zwischen 55 und 73 Tagen (siehe H. W. Hoehner, *Herod Antipas,* Grand Rapids 1980, S. 35). Selbst wenn die Sendung erst Anfang Oktober des Jahres 19 v. Chr. aus Italien abging, kann man doch annehmen, dass der Wein im Januar des folgenden Jahres in Jerusalem eingetroffen ist.

16 Zu steinernen Gerätschaften in Jerusalem siehe N. Avigad, *Die Oberstadt von Jerusalem,* Jerusalem 1980, S. 174–76 (Hebräisch).

17 Siehe M. Stern, *Studien zur jüdischen Geschichte: Die Zeit des Zweiten Tempels,* Jerusalem 1980, S. 445–464 (Hebräisch).

18 Josephus, *Jüdische Altertümer* 15,343. Josephus zufolge war ihr Wirt »Pollio«. Zur Identität dieses »Pollio« mit Asinius Pollio siehe L. H. Feldman, »Asinius Pollio and His Jewish Interests«, *TAPA* (84/1953), S. 73–80; ders., »Asinius Pollio and Herod's Sons«, *CQ* (35/1985), S. 240–43, und Stern, *Studies in Jewish History,* S. 175.

19 Siehe Taylor, *The Divinity of the Roman Emperor,* Middletown 1931, S. 174.

20 Siehe Reisner, »Jesus, the Primitive Community, and the Essene Quarter«, S. 213.

21 Siehe Josephus, *Der Jüdische Krieg* 2,123.

22 Siehe 1QSa 2,18–21.

23 Josephus, *Der Jüdische Krieg* 2,130.

24 Ebd., 2131; 1QSa 2,18–21.

25 Josephus, *Der Jüdische Krieg* 2,130.

26 Ebd., 2,131. Siehe auch M. Weinfeld, »Tischgebet nach den Mahlzeiten im Haus eines Leidtragenden in einem Text aus Qumran«, *Tarbiz* (61/1991), S. 15–24.

27 Zum Segen des *nasi* siehe O. P. Barthelemy und J. T. Milik, »1QSa 20–28«, *DJD* 1, Oxford 1955, S. 127–28. Hier und im Folgenden ist die deutsche Übersetzung der Zitate aus den Schriftrollen der Sammlung *Die Schriftrollen von Qumran,* hrsg. von Michael Wise, Martin Abegg, Jr. und Edward Cook, Augsburg 1997, entnommen. Soweit Diskrepanzen zwischen den dortigen

Übertragungen und der Übersetzung von Knohl bestehen, folgt die Wiedergabe der Version des Letzteren. In *Die Schriftrollen von Qumran* finden sich die hier angeführten Stellen in 1QSb, Kolumne 5 [Anm. d. Übers.].

28 Siehe Jesaja 11,4.

29 »Leute von Kittim« ist in den Texten vom Toten Meer die übliche Bezeichnung für die Römer. Zu der Erwartung, dass der König von Kittim durch den *nasi* der Gemeinschaft den Tod finden werde, siehe D. Flusser, »The Death of the Evil King«, *Ein Licht für Jakob: Studien zur Bibel und zu den Schriftrollen vom Toten Meer. Festschrift für J. S. Licht,* hrsg. von Y. Hoffman und J. H. Pollak, Jerusalem 1997, S. 254– 62 (Hebräisch).

30 Siehe Josephus, *Jüdische Altertümer* 15,366.

31 Josephus, *Der Jüdische Krieg* 2,141.

32 Siehe 1QM 15,2.

33 Siehe die Rekonstruktion bei M. Broshi, der ich zum Teil gefolgt bin: »A Day in the Life of Hananiah Nothos: A Story«, *A Day in Qumran,* hrsg. von A. Roitman, Jerusalem 1997, S. 61–70.

34 E. L. Sukenik, *Otzar ha-Megiloth ha-genuzoth,* Jerusalem 1954, S. 21, 32.

35 Eine ausführliche Diskussion der verschiedenen Manuskripte findet sich in Anhang A.

36 E. Schuller, »A Hymn from a Cave Four Hodayot Manuscript«, *JBL* (112/1993), S. 605–28.

37 Siehe die Loblieder-Rolle 40,30–31 und 12,24–29. Zum markanten Unterschied zwischen dem Gefühl von Schuld, das in den Loblieder-Psalmen vorherrscht, und dem Gefühl der Befreiung von Schuld in diesen

Hymnen siehe J. J. Collins, *The Scepter and the Star,* New York 1995, S. 148.

38 »כלה עוון«: siehe Schuller, »A Hymn«, S. 609, Zeile 6–7.

39 Ebd., S. 627–28; J. J. Collins, *Apocalypticism in the Dead Sea Scrolls,* London und New York 1997, S. 147.

40 Die hier vorgeschlagene Rekonstruktion folgt im Wesentlichen E. Eshel, »The Identification of the ›Speaker‹ of the Self-Glorification Hymn«, *The Provo International Conference on the Dead Sea Scrolls,* hrsg. von D. W. Parry und E. Ulrich, Leiden 1999, S. 615–35, sowie dies., »471b: 4Q Self-Glorification Hymn«, *DJD* 29, Oxford 1999, S. 427–28. An ein paar Stellen weiche ich von ihrer Rekonstruktion ab; in den Anmerkungen zu meiner ausführlichen Erörterung des Textes in Anhang A weise ich auf die betreffenden Stellen hin.

41 Der Gebrauch des Begriffs אלים, *elim,* für die Engel ist in den Texten vom Toten Meer sehr verbreitet.

42 Vgl. »des Königs Freund« in 1. Chronik 27,33.

43 Zu »Heilige« als Ausdruck für Engel siehe Psalm 89,6–8. Tatsächlich glaube ich, dass der Titel ידיד המלך, »des Königs Freund«, an dieser Stelle einen Hintersinn hat und auch auf den irdischen König Herodes anspielt. Darüber wird in Kapitel 3 ausführlicher diskutiert.

44 4Q491, Fragment 11, Kolumne 1,5–6. Ich folge Eshels Übertragung (Eshel, »The ›Speaker‹«, S. 622). Eine vollständige Übersetzung der Hymne findet sich in Anhang A.

45 Der erste Satz steht in Zeile 10 und der zweite Satz in Zeile 9–10 von 4Q491, Fragment 11, Kolumne 1. Hier habe ich die Reihenfolge umgekehrt.

143

46 Ebd., Zeile 10.

47 Eine ausführliche Untersuchung des Forschungsstands zu diesem Thema findet sich in Anhang A.

48 Collins, S. 147.

49 Die Möglichkeit, dass es sich bei der betreffenden Figur um einen messianischen Führer handelte, findet man neben anderen denkbaren Thesen kurz angesprochen in E. Puech, »La croyance des Esséniens en la vie future: Immortalité, résurrection, vie éternelle?«, *Ebib* 22, Paris 1993, S. 392–95.

50 Siehe Eshel, »The ›Speaker‹«, S. 620–21.

51 Siehe Anmerkungen 36 und 37 in diesem Kapitel.

52 4Q427, Fragment 7, Kolumne 2,8–9. Die Übersetzung folgt 4Q427, Fragment 7, in E. Schullers Edition (siehe Schuller, »A Hymn«).

53 Siehe 1QHa 11,22–27. Siehe die ausführliche Erörterung in Anhang A.

54 Die hier gegebene Übersetzung basiert auf einer Kombination des Textes CD 14,18–19 und des Fragments aus Höhle 4. Siehe J. M. Baumgarten, »Messianic Forgiveness of Sin in CD 14 : 19 (4Q266, frg. 10, col. 1 : 12–13)«, *The Provo International Conference on the Dead Sea Scrolls,* hrsg. von D. W. Perry und E. Ulrich, Leiden 1999, S. 537–44.

55 4Q491, Fragment 11, Kolumne 1; Eshel (»The ›Speaker‹«, S. 622, Zeile 15) übersetzt »des Mess[ias]«. Meine Übersetzung ist indes zutreffender.

56 4Q491, Fragment 11, Kolumne 1,15. Im Manuskript lautet die Formulierung [ ] קרן מש. Der letzte Buchstabe könnte ein שׁ oder ע sein. Die Rekonstruktion מש[יחו] geht auf einen Vorschlag von D. Dimant zu-

rück: »A Synoptic Comparison of Parallel Sections in 4Q427 7, 4Q491 11 und 4Q471b«, *JQR* (85/1994), S. 159.

57 Siehe die ausführliche Erörterung des Themas in Anhang A.

58 Dies ist eine Kombination aus den beiden Fassungen der ersten Hymne.

59 Siehe Baumgarten, »Messianic Forgiveness of Sin«.

60 Einen Überblick über die Literatur zum »historischen Jesus« bieten B. Chilton und C. A. Evans (Hrsg.), *Studying the Historical Jesus,* Leiden 1994.

61 Wrede, *Das Messiasgeheimnis;* Bultmann, *Theologie des Neuen Testaments,* S. 26 ff.

62 Daniel 7,9–14.

63 Bultmann, *Theologie des Neuen Testaments,* S. 32.

64 Diesen Anspruch, Vorrang vor den Engeln zu genießen – »Wer ist wie ich unter den Engeln?« (4QHe, Fragment 1,4) – kennt man nirgends sonst aus der Qumran-Literatur. Er unterscheidet sich auffällig von der in diesen Schriften üblichen Formulierung bezüglich des Umgangs mit den Engeln (siehe 1QHa 3,22 und andere Stellen).

65 Siehe 4Q491, Fragment 11, Kolumne 5–6.

66 Zum Vorrang vor den Engeln siehe Psalm 89,7.

67 4Q491, Fragment 11, Kolumne 1,9.

68 Fassung 1 der Hymnen existiert in drei Manuskripten: 4QHa, 4QHe und 1QHa. Das Manuskript 4QHa wird von Schuller (in ihrer Edition »431: 4Q Hodayot«, *DJD* 29, Oxford 1999, S. 202) auf die frühe herodianische Zeit datiert. (Mit dem Begriff »frühe herodianische Zeit« ist in der Paläographie die zweite Hälfte des

1. Jahrhunderts v. Chr. gemeint, ein Zeitraum, der sich ungefähr mit der Regierungszeit von Herodes dem Großen deckt.) F. M. Cross hat 4QHa auf ungefähr 25 v. Chr. datiert. (Siehe Anmerkung 14 in Schullers Edition: »427: 4Q Hodayot«, *DJD* 29, Oxford 1999, S. 85.)

Das dritte Manuskript ist das Exemplar der Loblieder-Rolle aus Höhle 1 in Qumran, 1 QHa, und enthält Fragmente der Hymnen. Dieser Text wird von F. M. Cross auf die Zeit zwischen 30 und 1 v. Chr. datiert. Siehe F. M. Cross, »The Development of the Jewish Script«, *The Bible and the Ancient Near East: Essays in Honor of W. F. Allbright,* hrsg. von G. W. Wright, Garden City 1961, S. 137.

Fassung 2 der Hymnen existiert nur in einem Manuskript: 4Q491 11. Dieses Manuskript hat man auf die zweite Hälfte des 1. Jahrhunderts v. Chr. datiert. Siehe *DJD* 7, hrsg. von M. Baillet, Oxford 1982, S. 12, und M. G. Abegg, »Who Ascended to Heaven? 4Q491, 4Q427, and the Teacher of Righteousness«, *Eschatology, Messianism, and the Dead Sea Scrolls,* hrsg. von C. A. Evans und P. W. Flint, Grand Rapids 1997, S. 65.

69 Herodes regierte von 37 bis 4 v. Chr.

2. Nach drei Tagen

1 Siehe Taylor, *Divinity of the Roman Emperor,* S. 106, und D. Fishwick, *The Imperial Cult in the Latin West,* Leiden 1987, Bd. 1, S. 76. Oktavian begann ab dem Jahr 39 v. Chr. diesen Titel zu führen.

2 Zuerst gab es das Zweite Triumvirat, dem auch noch
  Lepidus angehörte; er wurde aber nach einiger Zeit von
  Oktavian seines Amtes enthoben.

3 Plutarch, *Lebensbeschreibungen,* Bd. VI, *Antonius,* München o. J., S. 164–65.

4 Justin der Märtyrer, 1 *Apologia* 44, hrsg. von P. Marani,
  Paris 1857.

5 Siehe Clemens Alexandrinus, *Strom.* 6,5,30, hrsg. von
  N. le Nowry, Paris 1890. Siehe E. Schürer, *The History
  of the Jewish People in the Age of Jesus Christ,* überarb. u.
  hrsg. von G. Vermes, F. Millar und M. Goodman, London 1995, Bd. 3, Teil 1, S. 655.

6 D. Flusser, *Judaism and the Origins of Christianity,* Jerusalem 1988, S. 392–448. Wie Hinnells bemerkt,
  enthält das Orakel authentische persische Elemente
  (J. R. Hinnells, »The Zoroastrian Doctrine of Salvation
  in the Roman World«, *Man and His Salvation: Studies in
  Memory of S. G. F. Brandon,* hrsg. von E. J. Sharp und
  J. R. Hinnells, Manchester 1973, S. 125–48). Möglich,
  dass der jüdische Verfasser tatsächlich eine persische
  Apokalypse benutzte (siehe Flusser, *Judaism*). Jedenfalls
  versetzte er die persischen Elemente mit biblischen.

7 Lactantius, *Divinae institutiones* 7,16,4. Flussers Übersetzung ist Flusser, *Judaism,* S. 402 ff., entnommen.

8 Hystaspes zufolge kommt der zweite König aus Syrien.
  Zur Erklärung dieses Umstands siehe die Anmerkungen 48 und 52 dieses Kapitels. Der erste König soll
  von Norden kommen. Flusser (*Judaism,* S. 65–67) hält
  das für einen Versuch, eine Verbindung zu dem »König
  gegen Mitternacht« (dem König des Nordens) aus Kapitel 11 des Buches Daniel herzustellen. In der Schilde-

rung des ersten Königs finden sich weitere Elemente, die dem Buch Daniel entnommen sind: Siehe etwa: »nachdem er drei aus der Zahl (der Könige) niedergeworfen hat« (Lactantius, *Divin. inst.* 7,16,3) – »und wird drei Könige demütigen« (Daniel 7,24); »er wird die Gesetze ändern« (Lactantius, *Divin. inst.* 7,16,4) – »und wird sich unterstehen, Zeit und Gesetz zu ändern« (Daniel 7,25).

9 Lactantius, *Divin. inst.* 7,17,4.

10 Siehe die Schilderung dieser Vorgänge in R. Syme, *The Roman Revolution,* Oxford 1939, S. 259–93.

11 Cassius Dio, *Römische Geschichte,* 50,4,1, übers. von Otto Veh, Zürich/München 1986.

12 Der Versuch, aus Alexandrien das neue Rom zu machen, spiegelt sich in den Münzen der damaligen Zeit wider. Siehe Taylor, *Divinity of the Roman Emperor,* S. 127 und Anm. 55.

13 Lactantius, *Divin. inst.* 7,17,4–5.

14 Die Verbindung hat D. Flusser (*Judaism,* S. 433 ff.) hergestellt.

15 Siehe den Überblick über den neueren Stand der Forschung und die Diskussion zu diesem Thema in Th. B. Slater, »On the Social Setting of the Revelation of John«, *NTS* 44/1998, S. 232–56.

16 Im ursprünglichen Text können es Ziegenhörner gewesen sein; Johannes, der Verfasser des Buches, hat unter Umständen die Ziege in ein Lamm verwandelt, um den Gegensatz hervorzuheben zwischen Jesus, der als Lamm beschrieben wird, und dem Antichrist, der wie ein Lamm aussieht, aber wie ein Drache redet. Siehe J. Jeremias, *TDNT* 1,341.

17 Sueton, »Augustus« 94, *Cäsarenleben,* übers. und eingel. von Max Heinemann, Stuttgart 1986. Sueton ist hier widersprüchlich, denn in Abschnitt 5 erklärt er, Augustus sei im September zur Welt gekommen. Der Steinbock war das Zeichen, unter dem er empfangen, nicht geboren wurde. Siehe G. W. Bowersock, »The Pontificate of Augustus«, *Between Republic and Empire,* hrsg. von A. Raaflaub und M. Toher, Berkeley 1990, S. 386.

18 J. R. Fears, *The Divine Election of the Emperor as a Political Concept at Rome,* Rom 1977, S. 207–10.

19 J. Gage, *Apollon romain,* Paris 1955, S. 583–637; E. Simon, *Die Portlandvase,* Mainz 1957, S. 30 ff.

20 Cassius Dio, *Römische Geschichte* 45,1,2.

21 Sueton, »Augustus« 94.

22 Zu Apollos Kampf mit Python siehe J. Fontenrose, *Python: A Study of Delphic Myth and Its Origins,* Berkeley 1959.

23 Siehe S. Weinstock, *Divus Julius,* Oxford 1971, S. 14.

24 Propertius, *Elegien* 4,6,27.

25 Über den Tempel von Apollo und Augustus siehe K. Galinski, *Augustan Culture,* Princeton 1996, S. 213–24.

26 Taylor, *Divinity of the Roman Emperor,* S. 154 und Anm. 27.

27 Fishwick, *Development of the Imperial Cult,* Bd. 1, S. 81, Anm. 70.

28 Sueton, »Augustus« 96–97.

29 Zu den prophetischen Kräften, die Python zugeschrieben wurden, siehe Fontenrose, *Python,* S. 374. Fontenrose (S. 375 ff.) spricht von der engen Verbindung zwischen Python und Dionysos. Wie wir wissen, sah sich Mark Anton als Dionysos. Vielleicht wollte der Verfasser der Vision den Mythos hier gegen sich selbst wen-

den. Augustus verglich sich zwar mit Apollo, der Python-Dionysos überwand; tatsächlich aber war er, so will der Autor sagen, ein ebensolcher Drache wie Python-Dionysos!

30 A. Yarbro Collins, *The Combat Myth in the Book of Revelation,* Harvard Dissertations in Religion, Missoula 1976, S. 64 ff., sieht, dass die Episode in Kapitel 12 der Offenbarung von dem Drachen, der die Mutter des Messias verfolgt, zurückgeht auf den Mythos der Schlange Python, die Leto, die Mutter des Apoll, verfolgt. Nach Collins Ansicht (S. 128) war der Autor der Vision ein Jude, der dieses Werk im 1. Jahrhundert n. Chr. in Kleinasien schrieb. Die Geschichte, so meint sie, stelle eine Polemik gegen die Propaganda dar, die von Augustus und seinen Nachfolgern im Cäsarenamt betrieben worden sei. Der Verfasser der Vision wolle deutlich machen, dass Augustus nicht der Apollo sei, als der er sich prahlerisch ausgebe, sondern der Drache Python; der wahre Apollo sei der jüdische Messias. Collins Thesen sind überzeugend. Allem Anschein nach stammen die Geschichte von der Verfolgung der Mutter des Messias durch den Drachen und die Vision von den beiden Tieren in Kapitel 13 der Offenbarung des Johannes aus der Feder desselben Autors. Mit der Mythologie, die sich um den Gott Apollo rankte, und mit den Geschichten im Zusammenhang mit dem Tempel von Delphi war er offenbar vertraut. Seine Kenntnisse nutzte er zu einem Angriff gegen die Augusteische Propaganda. Zur Frage, in welcher Zeit er schrieb, siehe Anmerkung 46 dieses Kapitels. Johannes, der Verfasser der Offenbarung, nahm die Vision von den zwei Tieren in das Kapitel 13 seiner

Schrift auf, und bereicherte die ursprüngliche Fassung durch verschiedene Zusätze. Zu diesen Zusätzen zählen der Hinweis auf Jesus in Vers 8 und die Anspielungen auf die zwangsweise Einführung des Kaiserkults in den Versen 8 und 15. Falls sich »Zahl des Tiers« in Vers 18 auf Nero bezieht, gehört auch dieser Vers zu den Hinzufügungen des Johannes.

31 R. H. Charles, »The Revelation of St. John«, *ICC,* Edinburgh 1994, S. 345–46; W. J. Harrington, »Revelation«, *Sacra Pagina* 16, Collegeville 1993, S. 140.

32 Siehe die darauf bezogenen Bemerkungen in Charles, »Revelation of St. John«, S. 349. Charles lehnt diese Interpretation ab und macht geltend, dass laut Vers 3 die tödliche Wunde nur einem der Köpfe und nicht dem ganzen Tier beigebracht wird, aber dieser Einwand ist nicht überzeugend. In den Versen 12 und 14 wird ausdrücklich gesagt, dass die Wunde das Leben des Tieres als solches bedroht.

33 Sueton, »Augustus« 52. Siehe auch G. W. Bowersock, *Augustus and the Greek World,* Oxford 1965, S. 116.

34 Schriften dieser Art kursierten offenbar auch unter den Griechen, die der Herrschaft des Augustus ablehnend gegenüberstanden. Siehe Bowersock, *Augustus and the Greek World,* S. 110.

35 Zum Kaiserkult in Kleinasien siehe S. F. R. Price, *Rituals and Power: The Roman Imperial Cult in Asia Minor,* Cambridge 1984.

36 Lactantius, *Divin. inst.* 7,17,1–2.

37 Ebd., 7,17,3.

38 Off. 11,3–6.

39 Offenbar verknüpfte das Orakel des Hystaspes die bei-

den zu einer einzigen Figur, zu der des »Propheten Gottes«, um den Gegensatz zwischen dem falschen Propheten und dem Propheten Gottes zuzuspitzen. Aus dem
gleichen Grund wurde auch der messianische Aspekt
ausgeklammert. Die beiden Propheten standen sich
dadurch schroffer gegenüber. Flusser (*Judaism,* S. 421)
hält die Lesart des Hystaspes für die ursprüngliche und
meint, Johannes habe die Figur in zwei Personen aufge-
spalten. Der Rückgriff auf das Buch Sacharja und die
indirekten Parallelen zu Moses und Elia zeigen aber
meines Erachtens, dass es eine authentische Überlieferung zweier Messiasfiguren gab – eines königlichen
und eines priesterlichen Messias. Die Kirchenväter, die
in den beiden Zeugen typologische Gestalten sahen,
identifizierten sie mit Elia und Enoch, die zum Himmel
auffuhren. Wie wir sehen werden, hat die Geschichte in
Kapitel 11 der Offenbarung des Johannes ein solides
Fundament in den historischen Ereignissen des Jahres
4 v. Chr., weshalb wir in den zwei Zeugen zugleich auch
historische Gestalten sehen müssen.

40 Siehe W. H. Brownlee, »John the Baptist in the New
    Light of Ancient Scrolls«, *The New Scrolls and the
    New Testament,* hrsg. von K. Stendahl, New York 1957,
    S. 47.

41 Im griechischen Original lautet der Begriff für die Zeu-
    gen *martyr* – Blutzeuge, Märtyrer. Zur Geschichte des
    Begriffs *martyr* siehe G. W. Bowersock, *Martyrdom and
    Rome,* Cambridge 1995, S. 5–21.

42 Der Begriff *abyssos* hat verschiedene Bedeutungen (dazu
    siehe J. Massyngberde-Ford, »Revelation«, *Anchor Bible,*
    Garden City 1975, S. 152). Er kann sich sowohl auf die

Tiefe des Meeres beziehen als auch auf das Innere der Erde. Wenn wir annehmen, dass hier vom Erdinneren die Rede ist, dann müssen wir das Tier, das aus der Tiefe aufsteigt, mit dem zweiten Tier aus Kapitel 13 der Offenbarung gleichsetzen, von dem gesagt wird, es steige aus der Erde empor (siehe Flusser, *Judaism,* S. 449, Anm. 192). Das heißt, es handelt sich um das Tier, das auch als falscher Prophet bezeichnet und dadurch mit Augustus assoziiert wird. Meint hingegen *abyssos* die Tiefe des Meeres, dann müssen wir das Tier, das aus dieser emporsteigt, mit dem ersten Tier in Kapitel 13 gleichsetzen, das aus dem Meer auftaucht (siehe A. Y. Collins, *Combat Myth,* S. 165). Diesem Tier »ward gegeben, zu streiten mit den Heiligen und sie zu überwinden« (13,7). Das erinnert an die Äußerung in Kapitel 11, Vers 7, der Offenbarung: »Und wenn sie ihr Zeugnis geendet haben, so wird das Tier, das aus dem Abgrund aufsteigt, mit ihnen Krieg führen und wird sie überwinden und wird sie töten.« Wir haben das Tier, das aus dem Meer kommt, bereits mit dem Römischen Reich, das sich von den Wirren nach der Ermordung Julius Cäsars erholt hat, identifiziert. Beide Interpretationsmöglichkeiten führen also zu dem gleichen Ergebnis: die zwei Zeugen werden von der Armee des römischen Kaiserreichs, der Armee des Augustus, getötet. Das stimmt mit der Version des Hystaspes überein, der zufolge der »Sohn Gottes« – Augustus – den Propheten Gottes tötet.

43 Johannes fügte die Worte in Kapitel 11, Vers 8 – »wo auch ihr Herr gekreuzigt ist« – zu den jüdischen Quellen, die er benutzte, hinzu.

44 Josephus, *Jüdische Altertümer* 17,213–18; ders., *Der Jüdische Krieg* 3.1.2. Der Aufstand wurde offenbar im August niedergeschlagen. Siehe Hoehner, *Herod Antipas*, S. 37. Das mag der Hintergrund dafür sein, dass in der Offenbarung 9,5 ein Zeitraum von »fünf Monden« erwähnt wird.

45 Josephus, *Jüdische Altertümer* 17,261–62; ders., *Der Jüdische Krieg* 2.3.3. Das ist der Hintergrund für die Erklärung des Hystaspes (Lactantius, *Divin. inst.* 7,17,6), der gottlose König – der »falsche Prophet« – werde versuchen, den Tempel zu zerstören.

46 J. Wellhausen vermutete, diese Verse gäben die Sicht der Zeloten beim großen Aufstand gegen Rom wieder. Beim großen Aufstand indes wurden der Vorhof, der Altar und der gesamte Tempel erobert (Josephus, *Der Jüdische Krieg* 6,4,6). Die Darstellung in der Offenbarung des Johannes entspricht also nicht der historischen Realität des Jahres 70 n. Chr. Die Ereignisse des Jahres 4 v. Chr. hingegen stimmen perfekt mit den Ausführungen in der Offenbarung des Johannes überein. Charles und anderen Fachgelehrten zufolge schöpfte Johannes aus einer frühen jüdischen Quelle. Wie bereits bemerkt (Anmerkung 28 in diesem Kapitel), stammen meines Erachtens auch die Vision von der Verfolgung der Mutter des Messias in Kapitel 12 und die von den zwei Tieren in den Kapiteln 11,1–13 und 13 aus dieser Quelle. Vielleicht wurden die Passagen von jemandem geschrieben, dessen Muttersprache Hebräisch oder Aramäisch war – dafür spricht die große Anzahl von semitischen Sprachformen, die sich in diesen Teilen des Buches der Offenbarung finden. Siehe S. Thompson, *The Apocalypse and Semitic*

Syntax, Cambridge 1985, S. 107 (zu den Kapiteln 11 und 13 der Offenbarung). Weil es hier um die Ereignisse des Aufstands von 4 v. Chr. geht, lässt sich mit Sicherheit sagen, dass jene Quelle nach diesem Datum entstand; vermutlich war die Entstehungszeit der Beginn des 1. Jahrhunderts n. Chr. Wie erwähnt (Anmerkung 30 in diesem Kapitel) nimmt A. Yarbro Collins an, dass der Verfasser der Vision von der Verfolgung der Mutter des Messias in Kleinasien lebte und schrieb. Ich schließe mich dieser Vermutung an. Vielleicht war der Verfasser ein Jude, der nach der Niederschlagung des Aufstands aus dem Land Israel floh und sich in Kleinasien niederließ. Dort wurde er mit den verschiedenen Mythen bekannt, die sich um Apollo drehten und in dieser Region Gemeingut waren (siehe Collins, *Combat Myth,* S. 245–52); er nutzte sie für seine Kritik an Augustus. Wir kennen einen vergleichbaren Fall, bei dem ein Jude anlässlich der Niederschlagung eines Aufstands gegen die Römer das Land Israel verließ und nach Kleinasien ging: den Fall des Trypho, der uns durch seine Kontroverse mit Justinus dem Märtyrer bekannt ist. Er flüchtete während der Niederschlagung des Bar-Kochba-Aufstands aus Israel und ließ sich in Ephesus nieder.

Der Gedanke, dass Johannes, der Verfasser der Offenbarung, in seiner Schrift jüdische Quellen verwendet, ist in der Fachliteratur immer wieder aufgetaucht: siehe D. E. Aune, »Revelation 1–5«, *Word Biblical Commentary,* Dallas 1997, CX–CXVII. Aus Sicht des Johannes stand dieses Material im Einklang mit seiner Kritik am Kaiserkult und mit seiner Vorstellung von Freiheit.

155

Siehe E. Schuessler-Fiorenza, *The Book of Revelation, Justice, and Judgment,* Philadelphia 1985, S. 35–84.

47 In der rabbinischen Chronographie ist der Aufstand nach Quintilius Varus benannt. Siehe Ch. J. Milikowski, »Seder Olam, a Rabbinic Chronography«, Dissertation, Yale 1981, S. 441. Über Quintilius Varus siehe R. Syme, *Augustan Aristocracy,* Oxford 1986, S. 313 ff.

48 Dies bildet den Hintergrund dafür, dass Hystaspes den gottlosen König aus Syrien kommen lässt (siehe Anmerkung 8 in diesem Kapitel). Dass er den Augustus von Syrien nach Israel ziehen lässt, verdankt sich einer Verquickung des Augustus mit Varus, seinem Statthalter in Syrien. Ein ähnliches Phänomen findet sich in der Schilderung dieser Vorgänge in *Mosis Himmelfahrt* 6,8–9 (siehe R. H. Charles, *Apocrypha and Pseudepigrapha of the Old Testament in English,* Oxford 1913, Bd. 2, S. 419). Siehe auch Anmerkung 52 in diesem Kapitel.

49 Siehe Josephus, *Jüdische Altertümer* 17,291–92; ders., *Wider Apion* 1,7.

50 Siehe Josephus, *Jüdische Altertümer* 17,289, 295, und ders., *Der Jüdische Krieg* 2,5,1–2.

51 *Mosis Himmelfahrt* 6,8–9.

52 Wie im Orakel des Hystaspes (siehe Anmerkung 48 in diesem Kapitel) findet auch hier eine Verquickung der Gestalten des Augustus und des Varus statt. In *Mosis Himmelfahrt* werden die Aktionen des Varus Augustus, dem König des westlichen Teils des Reiches, zugeschrieben; auch Hystaspes tut dies, indem er Augustus von Syrien kommen lässt.

53 1QM 19,11. Siehe Flusser, *Judaism,* S. 430.

54 Zu den zwei Messiasgestalten in den Qumran-Texten

siehe D. Goodblatt, *The Monarchic Principle,* Tübingen 1994, S. 56–71; J. J. Collins, *Scepter and the Star,* S. 74–101; M. Abegg, »The Messiah at Qumran: Are We Still Seeing Double?«, *DSD* (2/1995), S. 125–44; J. VanderKam, »Messianism in the Scrolls«, *The Community of the Renewed Covenant: The Notre Dame Symposium on the Dead Sea Scrolls,* hrsg. von E. Ulrich und J. VanderKam, Notre Dame 1994, S. 212–34; F. M. Cross, »Notes on the Doctrine of the Two Messiahs at Qumran«, *Current Research and Technological Developments in the Dead Sea Scrolls,* hrsg. von D. W. Parry und S. D. Ricks, Leiden 1996, S. 1–4, und W. M. Schniedewind, »Structural Aspects of Qumran Messianism in the Damascus Document«, *The Provo International Conference on the Dead Sea Scrolls,* hrsg. von D. W. Parry und E. Ulrich, Leiden 1999, S. 523–36.

55 Siehe Eshel, »The ›Speaker‹«, S. 622, Zeile 5; S. 620, Zeile 9.

56 Zu entsprechenden Fällen, in denen drei Tage lang die Bestattung verwehrt wurde, siehe S. Lieberman, *Texts and Studies,* New York 1974, S. 258.

57 G. Scholem, »Redemption through Sin«, *The Messianic Idea in Judaism,* New York 1971, S. 87–88.

58 Siehe Anhang A.

59 Vgl. auch: »Er wird den Höchsten lästern und die Heiligen des Höchsten vernichten« (Dan. 7,25) und: »Er wird die Starken vernichten. Und gegen das Heilige Volk richtet sich sein Sinnen […].« (Dan. 8,24–5).

60 »Und wenn sie ihr Zeugnis geendet haben, so wird das Tier, das aus dem Abgrund aufsteigt, mit ihnen Krieg führen und wird sie überwinden und wird sie töten.«

(Off. 11,7) »Er wird gegen den Propheten Gottes kämpfen und wird obsiegen.« (Lactantius, *Divin. inst.* 7,17,3. Siehe auch Flusser, *Judaism,* S. 62, Anm. 170.)

61 Als Beleg für den Tod des Messias lässt sich auch Daniel 9,26 interpretieren: »Und nach den zweiundsechzig Wochen wird ein Gesalbter ausgerottet werden und nicht mehr sein. Und das Volk eines Fürsten wird kommen und die Stadt und das Heiligtum zerstören [...]« Laut dem Kommentar des Hieronymus zu Daniel bezogen die Juden diesen Vers auf den Messias. Da diese Deutung in keinem der bekannten jüdischen Kommentare zu finden ist, könnte sie unter den Jüngern des Messias von Qumran entstanden sein.

62 Im Masoretischen Text steht: »Sie werden mich ansehen, welchen sie zerstochen haben.« Die Version »Sie werden ihn ansehen, welchen sie zerstochen haben« findet sich in den Übertragungen von Aquila, Symmachos und Theodotion.

63 »Und es werden etliche aus den Völkern und Geschlechtern und Sprachen und Nationen ihre Leichname sehen [...]« (Off. 11,9). Ein anderes Motiv ist der Anblick der Messiasgestalten, die zum Himmel auffahren: »Und sie stiegen auf in den Himmel in einer Wolke, und es sahen sie ihre Feinde.« (Off. 11,12) Eine ähnliche Beschreibung findet man bei Hystaspes: »Und während alle schauen und staunen [...]« (Lactantius, *Divin. inst.* 7,17,3).

64 Siehe Scholem, *Messianic Idea,* S. 8–18.

65 Daniel 7,9–13.

66 Siehe Offenbarung 11,12; Lactantius, *Divin. inst.* 7,17,3.

67 Siehe die Schilderung der Rückkehr des Erlösers vom

Himmel herab und des eschatologischen Krieges bei Hystaspes, zit. in Lactantius, *Divin. inst.* 7,19,2–8. Christliche Motive sind hinzugekommen, aber die ursprünglichen Motive der Schilderung des Hystaspes lassen sich, wie Flusser (*Judaism,* S. 406–42) feststellt, klar erkennen. Zu diesen Motiven finden sich interessante Parallelen in den Qumran-Texten und in der Midraschliteratur.

68 Dieses Datum stützt sich auf die Geschichte vom »Kindermord des Herodes« in Kapitel 2 des Matthäusevangeliums, der wir entnehmen können, dass Herodes noch lebte, als Jesus etwa zwei Jahre alt war. Herodes starb bekanntlich im Jahr 4 v. Chr. Eine Auseinandersetzung mit den verschiedenen Spekulationen zu dem Geburtsdatum Jesu bieten G. Ogg, »The Age of Jesus When He Taught«, *NTS* (5/1958–59), S. 291–98, und J. P. Meier, *A Marginal Jew,* New York 1957, Bd. 1, S. 375–78.

69 Die Beziehung Jesu zum Judentum seiner Zeit findet man erörtert in E. P. Sanders, *Jesus and Judaism,* Philadelphia 1985; H. Falk, *Jesus the Pharisee: A New Look at the Jewishness of Jesus,* New York 1985; J. H. Charlesworth (Hrsg.), *Jesus's Jewishness, Exploring the Place of Jesus within Early Judaism,* New York 1990, und Vermes, *Jesus the Jew.*

70 Vermes, *Jesus the Jew,* S. 58 ff.; D. Flusser, *Jesus,* Jerusalem 1997, S. 113; S. Safrai, »Jesus and the Hassidic Movement«, *Die Juden in der hellenistisch-römischen Welt: Studien zum Gedenken an Menachem Stern,* hrsg. von L. M. Gafni, A. Oppenheimer und D. R. Schwartz, Jerusalem 1996, S. 413–36 (Hebräisch).

71 Vermes, *Jesus the Jew,* S. 77–78; Flusser, *Judaism,* S. 469–89.

72 Über die Gleichnisse Jesu in ihrem Verhältnis zu denen der Schriftgelehrten siehe die Liste von Untersuchungen in D. Stern, *Parables in Midrash,* Cambridge/Mass. 1991, S. 323, Anm. 11.

73 Die Annahme liegt nahe, dass Jesus durch Johannes den Täufer mit dem Erbe des qumranischen Messias in Kontakt kam. Die engen Bande, die Johannes den Täufer mit der Gemeinde von Qumran verknüpften, sprengen den Kontext dieses Buches; ich hoffe, mich bei anderer Gelegenheit mit ihnen beschäftigen zu können. Fürs Erste sei auf die folgenden Untersuchungen verwiesen: W. H. Brownlee, »John the Baptist«, S. 33–53; D. R. Schwartz, »On Quirinius, John the Baptist, the Benedictus, Melchizedek, Qumran and Ephesus«, *RQ* (13/1988), S. 635–46; H. Lichtenberger, »The Dead Sea Scrolls and John the Baptist«, *The Dead Sea Scrolls: Forty Years of Research,* hrsg. von D. Dimant und U. Rappaport, Leiden 1992, S. 340–46. Zweifel an der Verbindung zwischen Johannes dem Täufer und der Qumran-Sekte bekundet J. E. Taylor, *The Immerser: John the Baptist within Second Temple Judaism,* Grand Rapids 1997, S. 15–48.

74 Markus 8,27–31. In Matthäus 16,13–21 und Lukas 9,18–22 finden sich parallele Überlieferungen.

75 Bultmann, *Theologie des Neuen Testaments,* S. 27–28.

76 Ebd., S. 32.

77 Vermes, *Jesus the Jew,* S. 38.

78 Ähnlich schreibt auch die Offenbarung des Johannes (11,11), die zwei messianischen Propheten seien nach

dreieinhalb Tagen auferstanden. Die Zahl Dreieinhalb geht auf Daniel 7,25 zurück. Aus diesem Grund muss die Formulierung des Hystaspes als die ursprüngliche gelten.

79 Wir brauchen uns hier nicht in die Diskussion über den Unterschied zwischen der Fassung in Markus 8,31, »nach drei Tagen«, und der geläufigeren Version aus Matthäus 16,21 und Lukas 9,22, »am dritten Tage«, zu vertiefen. Einige Fachleute vertreten die Ansicht, beide Fassungen meinten im Grunde dasselbe (siehe C. H. Turner, »The Gospel according to St. Mark«, *A New Commentary on Holy Scripture,* hrsg. von C. Gore, H. L. Goude und A. Guillaume, London 1928, Bd. 1, S. 79–80, N. Walker, »After Three Days«, *NT* (4/1960), S. 261–62, und viele weitere). Andere wiederum (siehe J. K. McArthur, »On the Third Day«, *NTS* (18/1971–72), S. 81–86; M. Smith, *Clement of Alexandria,* Cambridge/Mass. 1973, S. 163, Anm. 8; H. Koester, *Ancient Christian Gospels,* London 1990, S. 280, Anm. 2) bemühen sich um eine Erklärung für die Formulierung in Markus 8,31, die dem Anschein nach den Darstellungen in Matthäus 28,1–7, Markus 15,42–16,7 und Lukas 23,54–24,7 – dass Jesus am dritten Tag wieder auferstanden sei – widerspricht. Im Licht unserer Überlegungen ließe sich die These aufstellen, dass die Lesart in Markus 8,31 die ursprüngliche Äußerung Jesu wiedergibt, der ja die Überzeugung zu Grunde lag, dass der qumranische Messias »nach dem dritten Tag« auferstanden war. (Die gleiche Formulierung »nach drei Tagen« findet sich auch in Matthäus 27,63 und in anderen Manuskripten, desgleichen in Markus 9,31 und 10,34. Siehe C. Williams, *Alternations to the Texts of the*

Synoptic Gospels and Acts, Oxford 1951, S. 45; B. M. Metzger, *A Textual Commentary on the Greek New Testament,* London 1975, S. 107, und ders., *The Text of the New Testament,* Oxford 1992, S. 199.

80 Siehe auch Matthäus 26,36–44 und Lukas 22,41–44.

3. Ein anderer Messias

1 Über die Quellen zu den Essenern und ihren Zusammenhang mit den Qumran-Texten siehe A. Dupont Sommer, *The Essene Writings from Qumran,* Cleveland 1962, S. 21–67, und F. M. Cross, *The Ancient Library of Qumran,* London 1958, S. 52–79. Eine Zusammenfassung der Parallelen zwischen dem Bericht des Josephus über die Praktiken der Essener und den Vorschriften in den Qumran-Texten bietet J. Baumgarten, »The Disqualification of Priests in 4Q Fragments in the Damascus Document«, *The Madrid Qumran Congress,* hrsg. von J. Trebolle Barrera und L. Vegas Montaner, Leiden 1992, S. 504–05. Die Gleichsetzung der Qumran-Sekte mit den Essenern wird von den meisten Fachgelehrten auf diesem Gebiet akzeptiert; einige allerdings sind anderer Meinung. Schiffman zum Beispiel hält die Gemeinschaft von Qumran für einen extremen Flügel der Sadduzäer. Siehe L. H. Schiffman, *Reclaiming the Dead Sea Scrolls,* Philadelphia 1994, S. 75–76, 88–89.

2 4QHe ist identisch mit 4Q471b. Siehe Eshel, »The ›Speaker‹«, S. 620, Zeile 6.

3 4Q491, Fragment 11, Kolumne 1. Siehe Eshel, »The ›Speaker‹«, S. 621–22, Zeile 11.

4 Siehe Kapitel 1, Anm. 43.

5 In der Bibel bezieht sich der Ausdruck auf einen irdischen König (1. Chronik 27,33). Mehrere Menschen werden in der Bibel als Geliebte des Herrn bezeichnet. Siehe 5. Mose 33,12; 2. Samuel 12,25; Jesaja 41,8.

6 Die Engel werden gelegentlich Söhne Gottes genannt (siehe zum Beispiel 1. Mose 6,2; Psalm 29,1). Nirgends in der Bibel indes werden sie als Söhne des Königs bezeichnet.

7 Siehe Eshel, »The ›Speaker‹«, S. 621, Zeile 10.

8 Zu den »Freunden« an den Höfen hellenistischer Herrscher siehe Ch. Habicht, »Die herrschende Gesellschaft in den Hellenistischen Monarchien«, *Vierteljahresschrift für Sozial- und Wirtschaftsgeschichte* (45/1958), S. 1 ff. Über die »Freunde« am Hof des Herodes siehe A. Schalit, *King Herod,* Jerusalem 1960, S. 208–09 (Hebräisch).

9 Josephus, *Der Jüdische Krieg* 1460.

10 Siehe Josephus, *Jüdische Altertümer* 15,228; ders., *Der Jüdische Krieg* 1,538, 571, 620. Zu Herodes' Gerichtssitzungen siehe Rabello, »Hausgericht im Haus von Herodes dem Großen?«, S. 119–35 (Hebräisch).

11 Josephus, *Jüdische Altertümer* 15,372–79, S. 354–56.

12 Josephus, *Jüdische Altertümer* 13,311–13; ders., *Der Jüdische Krieg* 1,460; ders. *Jüdische Altertümer* 17,345–48; ders., *Der Jüdische Krieg* 2,111.

13 Siehe Schalit, *King Herod,* S. 228, 297, 334. Über die mögliche Quelle dieser Geschichte siehe Tal Ilan, »King David, King Herod and Nicolaus of Damascus«, *JSQ* (5/1998), S. 225–28.

14 Siehe M. Stern, »Herod and the Herodian Dynasty«,

The Jewish People in the First Century, hrsg. von S. Safrai
und M. Stern, Assen 1974, S. 270–77; ders., »Social
Realignments in Herodian Judea«, *The Jerusalem Cathe-
dra,* Jerusalem 1982, S. 40–62.

15 Siehe B. J. Capper, »›With the Oldest Monks‹ … Light
from Essene History on the Career of the Beloved Dis-
ciple?«, *JTS* (49/1998), S. 28–29.

16 Siehe Schuller, »A Hymn«, S. 610–11, Zeilen 1–5.

17 1QS 9,21–23.

18 Ebd.

19 Siehe D. Flusser, »Hillel and Jesus: Two Ways of Self-
Awareness«, *Hillel and Jesus,* hrsg. von J. H. Charlesworth und L. L. Johns, Minneapolis 1997, S. 78–82.
Über den militanten Messianismus in den qumranischen Schriften aus der Zeit des Herodes siehe K. At-
kinson, »On the Herodian Origin of Militant Davidic
Messianism at Qumran«, *JBL* (118/1999), S. 435–60.

20 Mischna, Chagiga 2,2.

21 Die Gelehrten sind sich uneins in der Frage, ob es damals
tatsächlich ein Führerpaar gab oder ob die Darstellung
in der Mischna nur die Bedingungen aus der Zeit der
Tannaim auf die des Zweiten Tempels zurückprojiziert.
Siehe Goodblatt, *Monarchic Principle,* S. 72–73. Nach
Goodblatts Ansicht existierte zur Zeit des Zweiten
Tempels keine Führerschaft in Paaren; diese Mischna
sei der Versuch von Rabbis des 2. Jahrhunderts n. Chr.,
die Führung in der Zeit des Zweiten Tempels so darzustellen, dass sie den Gegebenheiten zur Zeit der Tannaim
entsprach. Für die Zwecke der vorliegenden Untersuchung indes ist es nicht nötig zu klären, ob es sich bei
der paarweisen Führung um eine historische Tatsache

handelt. Für uns liegt die Bedeutung dieser Mischna in der Feststellung, Menachem sei »ausgetreten«. Selbst wenn wir uns Goodblatts Ansicht anschließen, ändert das nichts an der Glaubwürdigkeit der Überlieferung, soweit sie Menachems »Austritt« betrifft. Dass jemand im 2. Jahrhundert eine solche Geschichte erfunden haben sollte, ist schwer zu glauben. Sie gibt zweifellos ein wirkliches Geschehen wieder.

22 Mischna, Awot 1,1–12.

23 Siehe J. M. Baumgarten, *Studies in Qumran Law,* Leiden 1977, S. 10, Anm. 18.

24 Siehe A. Zacuti, *Sefer Yuhasin Shalem,* hrsg. von H. Filipowski, Jerusalem 1962, S. 17, 73. Zu den Wissenschaftlern, die diese Gleichsetzung für korrekt halten, zählen Azariah De Rossi mit seinem Buch *Sefer Me'or Einayim* (siehe Robert Bonfils, *Azaria De Rossi: Selected Chapters from »Sefer Me'or Einayim«,* Jerusalem 1991, S. 241); H. Graetz, *History of the Jews,* übers. von Shaul Pinhas Rabinovitz, Jerusalem 1972, S. 495 (Hebräisch); H. Schorr, *Hehalutz* 7 (1864), S. 60; Joseph Derenbourg, *Essai sur l'Histoire et la Géographie de la Palestine,* Paris 1867, S. 464, und Ch. Albeck, *Mishna Seder Mo'ed,* Jerusalem 1951, S. 11 (Hebräisch).

25 Im Babylonischen Talmud, Chagiga 16b, heißt es, Menachem »trat in den königlichen Dienst ein«. Diese Feststellung muss man mit Daniel 8,27, »[...] ich [...] verrichtete meinen Dienst beim König«, in Zusammenhang bringen. Der biblischen Geschichte zufolge gehörte Daniel zum Hofstaat des Königs von Babylon.

26 Dies ist die Formulierung im Leidener Manuskript des

Jerusalemer Talmud und in der venezianischen Ausgabe.
Die verfälschten Formen תורין, תריהו erscheinen in Zitaten dieser Passage bei Rabbi Nissim Gaon (siehe Nissim Gaon, *Libelli Quinque,* hrsg. von S. Abramson, Jerusalem 1965, S. 70) und im Kommentar zur Mischna von Rabbi Nathan (*Kirjat Sepher* 10, hrsg. von S. Assaf, 1935, S. 541). In Auszügen aus Rabbi Nissim Gaons Buch, die sich in J. N. Epsteins *Studies in Talmudic Literature and Semitic Languages,* Jerusalem 1988, Bd. 2, S. 268, veröffentlicht finden, lautet das Wort תריסי. Offenbar handelt es sich hier um die Korrektur eines Fachkundigen, der wusste, dass das seltene Wort תירקי auf Griechisch »Rüstung« heißt, und es durch das geläufigere Wort תריסי, »Schilde«, ersetzte. Im Babylonischen Talmud dagegen wurde aus תירקי סירידקין, »seidene Gewänder«, im Einklang mit der dortigen Darstellung, die Menachem als jemanden zeigt, der »in den königlichen Dienst eintrat«. Über die Versionen in der Midrasch zum Hohelied Zuta siehe S. Lieberman, *Greek in Jewish Palestine,* New York 1965, S. 181, Anm. 187. Wie Lieberman und Alon erkannten (G. Alon, *Jews, Judaism and the Classical World,* Jerusalem 1977), zeigt ein Vergleich der verschiedenen Versionen, dass die ursprüngliche Form תירקי lautete. Die Veränderungen und Verwechslungen sind der Tatsache geschuldet, dass es sich bei תירקי um ein Wort handelt, das in der Literatur der Schriftgelehrten nur selten vorkommt und deshalb nicht korrekt verstanden wurde.

27 Zu תירקי, »Rüstungen«, siehe Alon, *Jews, Judaism and the Classical World;* Lieberman, *Greek in Jewish Palestine* und A. Tal, »תרקיה«, *Untersuchungen zur rabbinischen*

Literatur, zur Bibel und zur jüdischen Geschichte, hrsg. von Y. D. Gilat, Ch. Levine und Z. M. Rabinowitz, Ramat Gan 1982, S. 256–60 (Hebräisch).

28 *Der Jerusalemer Talmud,* Chagiga 2,2 (77b), übers. von Gerd A. Wewers, Tübingen 1983, S. 50 [auch hier wurde die Übertragung gegebenenfalls an die von Knohl angepasst; Anm. d. Übers.].

29 Diese Überlieferung stammt mindestens aus dem 2. Jahrhundert n. Chr. Das beweist der Umstand, dass in der Barjtha im Babylonischen Talmud תירקי bereits zu סירוקין geworden ist. Die Barjtha ist eine Tannaim-Quelle, die auf jeden Fall in die erste Hälfte des 3. Jahrhunderts zurückreicht, wenn nicht noch weiter. Daraus folgt dann, dass die Überlieferung im Jerusalemer Talmud ebenfalls mindestens ins 2. Jahrhundert zu datieren ist.

30 Zu schimmernden Waffen als einem Symbol für Erfolg in der Schlacht siehe D. Gera, »The Battle of Beth Zacharia and Greek Literature«, *Die Juden in der hellenistisch-römischen Welt: Studien zum Gedenken an Menachem Stern,* hrsg. von I. M. Gafni, A. Oppenheimer und D. R. Schwartz, Jerusalem 1996, S. 27–31 (Hebräisch).

31 »Schreibt auf das Ochsenhorn« ist die Formulierung, die in der Midrasch einem Erlass von Antiochus Epiphanes zugeschrieben wird (siehe Midrasch, Bereshit Rabba 2,4, hrsg. und übers. von Th. und Ch. Albeck, S. 11 und Parallelstellen). Dieser Ausdruck war vielleicht als ironischer Kommentar zu der Formulierung »zu erheben das Horn des Messias« gedacht, welche die Anhänger des Menachem im Blick auf ihren Führer verwenden.

167

32 Der Ausdruck »80 Paar« spielt auf die Größe einer militärischen Einheit an und ist wahrscheinlich bildlich
gemeint. Siehe B. Z. Luria, »Who is Menahem?«, *Sinai*
(55/1964), S. 300–01 (Hebräisch). Lieberman *(Greek
in Jewish Palestine)* erklärt in Anmerkung 186 seine
Übereinstimmung mit der Ansicht von J. Derenbourg
*(Essai sur l'Histoire et la Géographie de la Palestine, S. 464),
dass es sich bei dem Menachem, der mit seinen in
schimmernde Rüstungen gekleideten Jüngern »austrat«, um Menachem den Galiläer handelt, den Anführer der *sicarii* – der Zeloten – zur Zeit des Jüdischen
Krieges, und nicht um den Menachem, der Hillels
Gegenspieler war. Aber auch wenn die Midrasch zum
Hohelied Zuta diese beiden Personen miteinander vermengt, enthält der Jerusalemer Talmud keinerlei Andeutung einer solchen Vermengung. Wir haben keinen
Grund daran zu zweifeln, dass sich der Jerusalemer Talmud ausschließlich auf den Menachem bezieht, der
Hillels Gegenspieler war. Die Äußerungen über Menachem in den beiden Talmudversionen – »Er trat in den
königlichen Dienst ein«, »Er artete aus«, »Er wechselte
die Einstellung« – passen sehr gut zu dem, was wir über
Menachem, den Zeitgenossen Hillels, wissen, nicht hingegen zu Menachem, dem *sicarius*.

33 Siehe G. Scholem, *Jewish Gnosticism, Merkaba Mysticism,
and Talmudic Tradition,* New York 1960.

34 Siehe den Versuch zur Lösung des Problems in Maimonides' Kommentar zur Mischna. Die assoziative Verbindung zwischen dem Wort עריות in der Mischna am Ende
des ersten Kapitels von Chagiga und zu Beginn des
zweiten ist keine ausreichende Begründung für die Auf

nahme einer Erörterung dieses Verbots in den Traktat Chagiga.

35 Zur Verwendung des Verbs יצא, »hinausgehen«, als einer Bezeichnung für »häretisch werden« siehe S. Lieberman, *Untersuchungen zur Talmudischen Literatur Palästinas,* Jerusalem 1991, S. 281, Anm. 1 (Hebräisch).

36 Babylonischer Talmud, Chagiga 16b. Wie Ch. Albeck bemerkt, enthält dieser Abschnitt des Traktats Chagiga weitere Anspielungen aufs Häretischwerden. Siehe Ch. Albeck, *Ein Kommentar zur Mischna,* Jerusalem 1952, Bd. 2, S. 393 (Hebräisch). Der gleiche Ausdruck, Menachem sei »ausgeartet«, wird im Babylonischen Talmud, Chagiga 15a, in Bezug auf Elisha verwendet: *aher.*

Meinem Eindruck nach stand die Häresie des Elisha in Zusammenhang mit der Figur des Menachem. Die Charakterisierung Elishas als *aher* ist vor dem Hintergrund des Ausdrucks *derech aheret* (dt. wörtlich: abweichender Weg, Heterodoxie) zu verstehen, der in der rabbinischen Literatur die gängige Bezeichnung für die Qumran-Sekte ist. Siehe S. Lieberman, *Texts and Studies,* New York 1974, S. 190–99.

37 Siehe Baumgarten, *Studies in Qumran Law,* S. 68, 73, und E. und H. Eshel, »4Q471 Fragment 1 and Ma'amadot in the War Scroll«, *The Madrid Qumran Congress,* hrsg. von J. Trebolle Barrera und L. Vegas Montaner, Leiden 1992, S. 611–20.

38 Midrasch, Hohelied Zuta 8,14, S. Buber-Edition, Wilno 1925, S. 38. Der Hinweis auf den Streit zwischen Menachem und Hillel steht im Widerspruch zur Feststellung im Traktat Chagiga in der Mischna, dass »Hillel

und Menachem nicht miteinander stritten«. Diese Feststellung bedeutet dann nur, dass sich Hillel und Menachem in der Frage des Berührens von Opfergaben einig waren, und sagt nichts über den Streit hinsichtlich der messianischen Ansprüche Menachems aus.

39 Trotz der historischen Verwechslung, zu der es in der Midrasch zum Hohelied Zuta an späterer Stelle kommt (siehe Anm. 32 in diesem Kapitel) haben wir keinen Grund, an der Echtheit der Feststellung über den Streit zwischen Menachem und Hillel zu zweifeln.

40 Tosefta, Sukkah 4,3; vgl. auch Kommentar und Interpretation in Flusser, *Judaism,* S. 511–12.

41 Psalm 113,5–6; Leviticus Rabba 1,5, hrsg. von M. Margulies, Jerusalem 1958, S. 17–18. Siehe Flussers Kommentar in *Judaism,* S. 512–13.

42 Scholem, »Redemption through Sin«, *Messianic Idea,* S. 89–90.

43 Midrasch Wajikra Rabba 34,3, übers. von A. Wünsche, Leipzig 1884, S. 235 f. [die Übertragung wurde an die von Knohl angeglichen, Anm. d. Übers.].

44 4Q491, Fragment 11, Kolumne 1,7.

45 Siehe I. Knohl, »Eine Parasche, in der es um die Akzeptanz des himmlischen Königreichs geht«, *Tarbiz* (53/1983), S. 23–24 (Hebräisch).

46 Siehe Flusser, *Judaism,* S. 513.

47 Siehe M. Stern, »Herod and the Herodian Dynasty«, *The Jewish People in the First Century,* hrsg. von S. Safrai und M. Stern, Assen 1974, S. 240–41.

48 Hillels Ansicht übte einen entscheidenden Einfluss auf das Denken und das Gesetz der folgenden Generationen aus. Siehe Y. Lorberbaum, *Imago Die: Rabbinic Literature,*

Maimonides and Nachmanides, Dissertation, Hebräische Universität, Jerusalem 1997.

49 Siehe Josephus, *Jüdische Altertümer* 17,298 sowie die Äußerung in 17,339 über den Hohen Priester Joezer, Sohn des Boethus, der beschuldigt worden sei, gute Beziehungen zu den Aufständischen unterhalten zu haben.

50 Stern, »Herod and the Herodian Dynasty«, S. 280. Die Tatsache, dass Menachem bei Josephus nicht als einer der Anführer der Revolte erwähnt wird, spricht nicht gegen die militärischen Aktivitäten Menachems, von denen rabbinische Quellen berichten. Außerdem sagt Josephus selbst, es habe noch andere Anführer außer denen gegeben, die er erwähnt (*Jüdische Altertümer* 7,285). Vielleicht ließ Josephus den Namen Menachems aus, weil er das Bild nicht trüben wollte, das er von den Essenern als friedliebender Gruppe zu entwerfen suchte.

51 Josephus, *Jüdische Altertümer* 17,149–67.

52 Eine ausführliche Darstellung des Aufstands bieten E. Schürer, *The History of the Jewish People in the Age of Jesus Christ* [Original: *Geschichte des jüdischen Volkes im Zeitalter Jesu Christi,* 3 Bde., Leipzig 1901–1909], überarb. und hrsg. von G. Vermes und F. Millar, Edinburgh 1973, Bd. 1, S. 330–35; E. M. Smallwood, *The Jews under Roman Rule,* Leiden 1976, S. 105–10, und E. Paltiel, »War in Judea after Herod's Death«, *RBPH* (59/1981), S. 107–36.

53 Josephus, *Jüdische Altertümer* 17,254–64; ders., *Der Jüdische Krieg* 2,42–50.

54 In welcher Phase des Aufstands die messianischen Führer getötet wurden, können wir nicht mit Sicherheit sagen.

55 Johannes 14,16–17, 14,26, 15,26, 16,13.

56 Johannes 16,8.

57 Johannes 16,7.

58 Siehe R. Bultmann, *Das Evangelium des Johannes*, Göttingen 1985, S. 437 und Anm. 1; Behm, s. v. »παράκλητος«, *TDOT* (5/1967), S. 800, Anm. 1; R. E. Brown, »The Paraclete in the Fourth Gospel«, *NTS* (13/1966–67), S. 114, Anm. 1.

59 Siehe P. J. Kobelski, »Melchizedek and Melchiresa«, *CBQMS* 10, Washington 1981, S. 100–03, sowie die Erörterung in Behm, s. v. »παράκλητος«, S. 800–03.

60 Bultmann, *Das Evangelium des Johannes,* S. 438–39.

61 Siehe Behm, s. v. »παράκλητος«, S. 801–02, und J. G. Davis, »The Primary Meaning of ›ΠΑΡΑΚΛΗΤΟΣ‹, *JTS* n. F. (4/1953), S. 35–38.

62 O. Betz, *Der Paraclet,* Leiden 1963, S. 140; Kobelski, »Melchizedek and Melchiresa«, S. 104; Behm, S. 805.

63 Bultmann, *Das Evangelium des Johannes,* S. 439.

64 Ebd., S. 439–40.

65 Siehe auch die Kritik von Behm, s. v. »παράκλητος«, S. 807–09, und von Brown, »Paraclete in the Fourth Gospel«, S. 119.

66 Siehe den Überblick über den Forschungsstand zu diesem Thema in Kobelski, »Melchizedek and Melchiresa«, S. 105–07.

67 Siehe 1QS 3,13–14.

68 Siehe Cross, *Ancient Library of Qumran,* S. 157–61; Betz, *Der Paraclet,* S. 64–69, 137–75; Brown, »The Paraclete in the Fourth Gospel«, S. 118; Kobelski, »Melchizedek and Melchiresa«, S. 106–14, und A. R. C. Leaney, »The Johannine Paraclete and the Qumran Scrolls«,

John and Qumran, hrsg. von J. H. Charlesworth, London 1972, S. 38 ff.

69 Siehe Anmerkung 63 in diesem Kapitel.

70 Den Gedanken, dass »Paraklet« eine Übersetzung des hebräischen Vornamens *Menachem* ist, haben bereits A. Geiger und H. Gressmann geäußert. Sie dachten dabei aber an Menachem, den Führer der Zeloten im Jahr 66 n. Chr. Siehe H. Gressmann, *Der Messias,* Göttingen 1929, S. 460–61.

71 Die symbolische Bedeutung des Namens, die den Trost, der mit der Erscheinung des Messias kommen würde, zum Ausdruck brachte, spielte hier zweifellos ebenfalls eine Rolle.

72 Siehe Babylonischer Talmud, Sanhedrin 98b, Jerusalemer Talmud, Berakhot 2,5, 5,1; Klagelieder Rabba 1,16, S. Buber-Edition, Wilno 1899, S. 88; Klagelieder Midrasch Zuta, S. Buber-Edition, Wilno 1899, S. 73; L. Grünhut (Hrsg.), *Yalkut of R. Machir Bar Abba Mari on Proverbs,* Jerusalem 1967, S. 103.

73 Johannes 14,16; siehe auch Anm. 60 in diesem Kapitel.

74 Bultmann, *Das Evangelium des Johannes,* S. 437; Brown, »The Paraclete in the Fourth Gospel«, S. 126–27; Kobelski, »Melchizedek and Melchiresa«, S. 105.

75 Bultmann, *Das Evangelium des Johannes,* S. 437.

76 Erwähnenswert ist in diesem Zusammenhang, dass kürzlich vermutet wurde, das Johannesevangelium sei vielleicht unter dem Einfluss essenischer Kreise in Jerusalem geschrieben worden. Siehe Capper, »›With the Oldest Monks‹ ...«, S. 1–55.

77 Siehe Capper, S. 36–42, der sich kürzlich mit dieser Überlieferung auseinander gesetzt hat.

78 Capper äußert die Vermutung, das Obergemach sei im Besitz des Jüngers gewesen, »welchen Jesus lieb hatte«; dieser habe der Essener-Gemeinschaft in Jerusalem angehört.

Nachwort

1 Um nicht direkt ihren Sohn zu verfluchen, verflucht die Mutter in der Originalfassung den »Feind Israels«, gemeint aber ist Menachem.

2 Die hier wiedergegebene Erzählung findet sich auf Aramäisch im Jerusalemer Talmud, Berakhot 2,4, 5a. Die deutsche Übersetzung stammt aus *Der Jerusalemer Talmud in deutscher Übersetzung,* I, Berakhot, Tübingen 1970, S. 64–65. In Klagelieder Rabba 1,16, S. Buber-Edition, Wilno 1899, S. 89, findet sich eine parallele Version, ebenso im Anhang zu *Yalkut of R. Machir Bar Abba Mari on Proverbs,* hrsg. von L. Grünhut, 103b.

3 Der Name mag eine Anspielung auf die Familie von Freiheitskämpfern aus Galiläa enthalten, die den Aufstand gegen die Römer anführten. Zu dieser Familie siehe M. Stern, *Studies in Jewish History.* Zur Ähnlichkeit zwischen dem Menachem, Sohn des Chiskijah, in der Geschichte und dem aus der Familie der Freiheitskämpfer siehe L. Ginzberg, *Ein Kommentar zum Palästinensischen Talmud,* Bd. 1, New York 1971, S. 339 (Hebräisch).

4 Bei der Schilderung dieses Ereignisses verwendet der Talmud das seltene Wort עלעולין zur Bezeichnung des Windes, der Menachem davontrug. Frenkel stellt fest,

dass dieses Wort in der aramäischen Übersetzung von 2. Könige 1 benutzt wird, um die Himmelfahrt des Elia zu beschreiben (J. Frenkel, *Untersuchungen zur spirituellen Welt der Haggada,* Tel Aviv 1981, S. 163, Anm. 19) (Hebräisch).

5 G. Hasan-Rokem, *Das Gespinst des Lebens,* Tel Aviv 1995, S. 165–66 (Hebräisch).

6 Matthäus 2,1–10; siehe auch die Erörterung in R. E. Brown, *The Birth of the Messiah,* New York 1977.

7 Darauf weist G. Hasan-Rokem in *Das Gespinst des Lebens,* S. 165–67, hin.

8 Ebd.

9 In diesem Zusammenhang ist auf die Überlieferungen hinzuweisen, die den Namen des Messias als »Menachem« angeben. Siehe Babylonischer Talmud, Sanhedrin 98b; Jerusalemer Talmud 2,4, 5a; Klagelieder Rabba 1,16.

10 Barajta, Babylonischer Talmud, Sukka 52a. Siehe die Zusammenstellung späterer talmudischer Quellen und die Übersetzungen in Y. Heinemanns Artikel »Der Messias, Sohn des Ephraim, und der Auszug der Söhne Ephraims aus Ägypten vor dem Ende«, *Tarbiz* (40/ 1971), S. 450 (Hebräisch).
Zu den bibliografischen Angaben, die sich dort in Anmerkung 1 finden, sind noch hinzuzufügen C. C. Torrey, »The Messiah, Son of Ephraim«, *JBL* (66/1947), S. 268–72, und Y. Liebes, »Yonah Ben Amitai als Messias, Sohn des Joseph«, *Studien zur Kabbala und zur Philosophie. Festschrift für L. Tishbi zu seinem fünfundsiebzigsten Geburtstag,* Jerusalem 1986, S. 269–311 (Hebräisch).

11 Zu den Einzelheiten siehe I. Knohl, »Über den ›Sohn Gottes‹, Armillus und Messias, den Sohn des Joseph«, *Tarbiz* (68/1998), S. 13–38 (Hebräisch).

A. Die messianischen Hymnen

1 Die wichtigste Beurteilung der Beziehung zwischen den zwei Fassungen der ersten Hymne bieten J. J. Collins und D. Dimant, »A Thrice-Told Hymn«, *JQR* (85/1994), S. 151–55, und D. Dimant, »A Synoptic Comparison of Parallel Sections in 4Q427 7, 4Q491 11 and 4Q471b«, *JQR* (85/1994), S. 157–61. Außerdem findet man eine Auseinandersetzung mit der Frage in E. Eshel, »4Q471b: A Self-Glorification Hymn«, *RQ* (17/1996), S. 175–203.

2 Die hier wiedergegebene Version der Fragmente stammt aus Eshel, »The ›Speaker‹«, und dies., »471b: 4Q Self-Glorification Hymn«, S. 427–28. Eshel veröffentlichte dieses Manuskript als 4Q471b, auch wenn sie zustimmt, dass all diese Fragmente zu dem Manuskript gehören, zu dem auch das Fragment zählt, das als 4QHe bekannt ist. Ich ziehe es vor, all diese Fragmente als zu 4QHe gehörig zu betrachten, im Einklang mit der Ausgabe der Loblieder-Psalmen aus Höhle 4, die Eileen Schuller in *DJD* 29, Oxford 1999 (»431: 4Q Hodayot«) veröffentlicht hat.

3 Eshel vervollständigte die Buchstaben תחש zu א]תחש[כ.

4 Im Großen und Ganzen stützt sich die hier vorgeschlagene Rekonstruktion auf die Version in Eshels Beitrag (»The ›Speaker‹«). An ein paar Stellen, auf die ich in

den Anmerkungen hinweise, bin ich von Eshels Fassung abgewichen.

5 Die Rekonstruktion folgt 4Q491, Fragment 11, Kolumne 1,7.

6 Die Lesart und Rekonstruktion חדל אישים] hat Eshel in ihrem Beitrag (»The ›Speaker‹«) vorgeschlagen. E. Schuller (»431: 4Q Hodayot«) hält die zwei Fragmente für eine Abfolge und rekonstruiert die Formulierung וחדל ה]רע. Eshels Rekonstruktion ist nach meiner Ansicht der Schullerschen vorzuziehen, weil die Tatsache, dass der Autor den Ausdruck כמוני נבזה benutzt, dafür spricht, dass er hier von Jesaja 53,3 – נבזה וחדל אישים – beeinflusst ist. Schullers Vorschlag, den Ausdruck חדלהרע mit »mangels/ohne Begleiter« zu übersetzen, überzeugt nicht. Schuller schlägt auch zwei weitere mögliche Übersetzungen für den Ausdruck vor: (1) »Schlimmes hört auf« und (2) »er stand ab vom Schlimmen«; aber diese Vorschläge passen nicht zum Charakter der Hymne, die in der Ichform geschrieben ist. Außerdem ist nicht hinreichend belegt, dass diese zwei Fragmente als eine Abfolge zu verstehen sind; man sollte deshalb von einer Textlücke zwischen ihnen ausgehen, wie Eshel das tut. Schuller behauptet, ein Vergleich mit den Fragmenten der Hymne in 4QHa, Fragment 7, Kolumne 6–8, zeige, dass die Fragmente als Abfolge betrachtet werden müssten, aber deren Unvollständigkeit und die Abweichungen in den verschiedenen Manuskripten mit der Hymne und sogar innerhalb ein- und derselben Fassung beeinträchtigen die Überzeugungskraft ihres Arguments.

7 Die Wendung wurde in Übereinstimmung mit der

177

Zeile 9 von 4Q491, Fragment 11, Kolumne 1, rekonstruiert.

8 Ebd., Zeile 6.

9 Ebd., Zeile 10.

10 Ebd.

11 Die Rekonstruktion »der Geliebte des Königs, ein Gefährte der Heiligen, und keiner kann [...] meiner Herrlichkeit« folgt 4QHa, Fragment 7, Kolumne 1,10, nach Schullers Wiedergabe in *DJD* 29 (»427: 4Q Hodayot«), S. 96.

12 Siehe 4QHa, Fragment 7, Kolumne 1,12–13, und 4Q491, Fragment 11, Kolumne 1,18.

13 Die vorangehenden Zeilen enthalten die Reste einer anderen Hymne, die dem Lobpreis Gottes gewidmet und in der dritten Person geschrieben ist.

14 Die Rekonstruktion des Textes entspricht der von Eshel in ihrem Beitrag »4Q471b: A Self-Glorification Hymn«, S. 184.

15 Die hier gegebene Übertragung entspricht der von Schuller in »427: 4Q Hodayot«, S. 99–100. Schullers Rekonstruktionen des Textes stützen sich zum Teil auf parallele Formulierungen in 4QHe und 1QHa.

16 Auf die Schlusszeile »Seiner Gnade für alle Kinder seiner Wahrheit« folgt eine andere Hymne, die mit den Worten beginnt »Wir haben dich erkannt, einen Gott der Gerechtigkeit«. (In 1QHa, Fragment 7, erscheint diese Hymne ebenfalls unmittelbar nach der zweiten.) Wie es scheint, gehört diese Hymne nicht zu der uns interessierenden Komposition, sondern zu dem ursprünglichen Text der Loblieder-Rolle. Wir treffen hier die normale Perspektive der Loblieder an, welche die

Menschen als bloße Geschöpfe aus Fleisch und Blut und deshalb als von Haus aus schuldbeladen kennt: »Was ist allein das Menschengeschlecht im Vergleich zu diesen Dingen?« Gesühnt wird die menschliche Schuld durch Gottes »Barmherzigkeit und wundervolle Vergebung«. Wie Collins (*Scepter and the Star,* S. 148) zu Recht hervorhebt, fehlt demgegenüber in den messianischen Hymnen das Gefühl einer mit der menschlichen Existenz verknüpften Schuld völlig. Hier gibt es vielmehr ein Gefühl der vollständigen Befreiung von Sünde (»עוון כלה«), ein Gefühl, das zu der hier herrschenden eschatologischen Atmosphäre passt. Die sprachliche Ähnlichkeit zwischen dem Schluss der zweiten messianischen Hymne (»dass sie erkennen mögen den Bund seiner Gnade«) und dem Beginn der folgenden (»Wir haben dich erkannt, einen Gott der Gerechtigkeit«) könnte ein literarischer Kunstgriff sein, um die messianischen Hymnen unauffälliger in den ursprünglichen Text der Loblieder-Rolle einzupassen. Durch diesen Kunstgriff sollten ohne Frage die messianischen Hymnen etwas von der Autorität der Loblieder mitbekommen, und das mag auch liturgische Konsequenzen eingeschlossen haben.

17 Die Rekonstruktion ist die von Eshel, »4Q471b: A Self-Glorification Hymn«, S. 184. Zur Übersetzung von Zeile 15, siehe Anmerkung 55 in Kapitel 1.

18 4Q491, Fragment 11, Kolumne 1,15. Im Manuskript steht [מש|]. Der letzte Buchstabe kann ein ש oder ein ע sein. Die Rekonstruktion מש[יחו] geht auf einen Vorschlag von Dimant (»A Synoptic Comparison«, S. 159) zurück.

19 Baillet, *DJD* 7, S. 26–29.

20 M. Smith, »Ascent to the Heavens and Deification in 4QMa«, *Archaeology and History in the Dead Sea Scrolls,* hrsg. von L. Schiffman, Sheffield 1999, S. 186–88; ders., »Two Ascended to Heaven – Jesus and the Author of 4 Q491«, *Jesus and the Dead Sea Scrolls,* hrsg. von J. H. Charlesworth, New York 1992, S. 290–301.

21 Siehe auch Dimant, »A Synoptic Comparison«, S. 161.

22 J. J. Collins, »A Throne in the Heavens: Apotheosis in Pre-Christian Judaism«, *Death, Ecstasy, and Other-Worldly Journeys,* hrsg. von J. J. Collins und M. Fishbane, New York 1995, S. 55.

23 Collins, *Scepter and the Star,* S. 148.

24 Collins, *Apocalyticism,* S. 147.

25 Ebd., S. 146.

26 Auf diese Möglichkeit weist Abegg hin. Siehe M. G. Abegg, »Who Ascended to Heaven? 4Q491, 4Q427 and the Teacher of Righteousness«.

27 Diesen Gedanken äußern Stegemann und Steudel. Siehe A. Steudel, »The Eternal Reign of the People of God«, *RQ* (17/1966), S. 525, Anm. 93, und H. Stegemann, »Some Remarks to 1QSa, to 1QSb, and to Qumran Messianism«, *RQ* (17/1966), S. 497–505.

28 Collins, *Apocalypticism,* S. 147.

29 Ebd.

30 Eshel, »4Q471b: A Self-Glorification Hymn«, S. 191–98, und dies., »The ›Speaker‹«, S. 613–33.

31 1QSb, Kolumne 4,24–28.

32 Eine Erörterung der verschiedenen Vorschläge hinsichtlich der Frage, um wen es sich bei dem Empfänger des Segens handelt, siehe Eshel, »The ›Speaker‹«, S. 631–33.

33 1QSb, Kolumne 4,24–28.

34 Siehe »keine Lehre gleicht meiner Lehre« in der Hymne.

35 Siehe zum Beispiel 2. Buch Mose 28,35, 28,43, 29,30, 30,20; 5. Buch Mose 10,8, 18,7, 21,5; Hesekiel 44,15, und so weiter.

36 Siehe 2. Buch Mose 39,30; 3. Buch Mose 8,9.

37 Zum Motiv der Engel, die vor Gott stehen, der auf seinem Thron sitzt, siehe 1. Könige 22,19 und Jesaja 6,1–2. Siehe auch Sacharja 3,7, und Hiob 1,6.

38 Siehe 2. Samuel 12,25; 1. Chronik 29,23.

39 4QHe, Fragment 1–2.

40 4Q491, Fragment 11, Kolumne 1,9.

41 Nach Stegemanns und Steudels Ansicht (siehe Anmerkung 27 in diesem Kapitel).

42 4QHa, Fragment 7, Kolumne 2,8–10.

43 1QHa, Kolumne 19, 22–23 [nach Wise; Anm. des Übers.].

44 4QHa, Fragment 7, Kolumne 2,5–6.

45 4QHa, Fragment 7, Kolumne 1,13–14.

46 Siehe auch 1QHa 12,14–18; J. Licht, *The Thanksgiving Scroll,* Jerusalem 1957, S. 175.

47 Der allgemeine Charakter der messianischen Hymne als einer Schilderung der Gegenwart zeigt, dass wir es hier nicht mit der prophetischen Vergangenheit zu tun haben.

B. Zwischen Rom und Jerusalem

1 Markus 15,39; Matthäus 27,54. Siehe T. H. Kim, »The Anarthrous υἱὸς θεοῦ in Markus 15,39 and the Imperial Cult«, *Biblica* (79/1998), S. 221–41.

2 Bultmann, *Die Geschichte der synoptischen Tradition,* S. 316–17.

3 Der Text ist bekannt als 4Q246; offiziell veröffentlicht hat ihn E. Puech, »4Q apocryphe de Daniel ar«, *DJD* 17, Oxford 1966, S. 165–84. Siehe auch die bibliografischen Listen bei Puech, Anm. 1, und F. Garcia Martinez, »The Messianic Figures in the Qumran Texts«, *Current Research and Technological Developments in the Study of the Dead Sea Scrolls,* hrsg. von D. W. Parry und S. R. Ricks, Leiden 1996, S. 25, Anm. 16. In der gleichen Sammlung von Beiträgen siehe auch F. M. Cross, »Notes on the Doctrine of the Two Messiahs at Qumran«. Außerdem sollte man einige andere Artikel zur Kenntnis nehmen, die in jüngster Zeit erschienen sind: E. M. Cook, »4Q246«, *BBR* (5/1995), S. 43–66; J. J. Collins, »The Background of the ›Son of the God‹ Text«, *BBR* (7/1997), S. 51–61; E. Puech, »Some Remarks on 4Q426 and 4Q521 and Qumran Messianism«, *The Provo Conference on the Dead Sea Scrolls,* hrsg. von D. W. Parry und E. Ulrich, Leiden 1999, S. 545–65; A. Steudel, »The Eternal Reign of the People of God«, *RQ* (17/1996), S. 514–16; J. Zimmerman, »Observations on 4Q246 – The ›Son of God‹«, *Qumran Messianism,* hrsg. von J. A. Charlesworth u. a., Tübingen 1998, S. 175–90.

4 Sofern nicht anders vermerkt, sind die Übersetzungen

und Rekonstruktionen der Texte aus Puech, »4Q apocryphe de Daniel ar«, S. 547, übernommen.

5 Ich folge hier der Übersetzung von Cross (»Notes on the Doctrine of the Two Messiahs«, S. 7). Puech übersetzt an dieser Stelle: »durch seinen Namen wird er gekennzeichnet sein«.

6 Cross übersetzt »wie die Kometen, die du in deiner Vision sahst«, während Puech die Stelle mit »wie die Sternschnuppen in der Vision« wiedergibt.

7 *Vacat* bedeutet eine leere Zeile oder Halbzeile im Text. Damit wurde der Beginn eines neuen Themas angezeigt.

8 Wegen der strukturellen Ähnlichkeit zwischen diesem Text und dem Kapitel 7 des Buches Daniel gelangte Milik zu dem Schluss, der »Gottessohn« sei der gottlose König, auf den das »Volk Gottes« folgen werde. Siehe J. T. Milik, »Les modèles araméens du livre d'Esther dans la Grotte 4 de Qumran«, *RQ* (15/1992), S. 383–84. Puech, der den Text im Rahmen der offiziellen Veröffentlichung der Qumran-Literatur herausbrachte, hat kürzlich erklärt, er stimme mit dieser Lesart überein (siehe Puech, »Some Remarks«). Milik und Puech halten die hier geschilderte Figur für eine historische Persönlichkeit. Nach Miliks Vermutung handelt es sich dabei um den Seleukidenkönig Alexander Balas (150–145 v. Chr.), der sich »Sohn Gottes« nannte. Ich kann mich dem nur schwer anschließen: Der »Gottessohn« ist in diesem Text als ein großer Herrscher auf Erden vorgestellt; alle Könige würden mit ihm Frieden schließen und ihm dienen. Diese Darstellung passt nicht zu der historischen Gestalt des Alexander Balas, der kein großer König auf Erden war und dem keines-

wegs alle dienten. Puech und Steudel (siehe Anm. 3 in diesem Kapitel) schlagen vor, den »Gottessohn« mit Antiochus IV. zu identifizieren. Antiochus indes trug nicht den Titel »Sohn Gottes«. Andere Gelehrte wenden sich dagegen, in dem »Gottessohn« einen gottlosen König zu sehen. Sie halten es für abwegig, solch erhabene Titel wie »Sohn Gottes« oder »Sohn des Höchsten« mit Gottlosigkeit zu verbinden, und fragen sich, wie es unter der Voraussetzung einer solchen Verbindung geschehen kann, dass Jesus im Lukasevangelium mit diesen Titeln versehen wird. Sie kommen folgerichtig zu dem Schluss, dass es sich bei dem »Gottessohn« im Qumran-Text um eine positive messianische Figur handeln müsse. (Siehe die Artikel von Cross und Collins, die in Anmerkung 3 in diesem Kapitel erwähnt sind.) Das Problem, das diese Sicht aufwirft, haben Puech und Steudel deutlich gemacht: Um die Gestalt des »Gottessohns« als positive messianische Figur gelten lassen zu können, muss man von einer Unterteilung des Textes in vier Einheiten ausgehen: I 4–6, I 7–II 1a, II 1b–3, II 4–9. Der Text ist aber durch das eine *Vacat* nur in zwei Einheiten unterteilt; auf eine weitere Unterteilung in II 1 gibt es keinen Hinweis.

9 Puech, »4Q apocryphe de Daniel ar«, S. 166.

10 So dachte zum Beispiel Milik, der den »Sohn Gottes« mit einem Seleukidenherrscher identifizierte.

11 Plinius Secundus d. Ä., *Naturkunde*, Buch II, XXIII,94 (übers. von Roderich König, Heimeran Verlag, 1974); siehe auch Sueton, »Iulius« 88, *Cäsarenleben*; Cassius Dio, *Römische Geschichte* 45,7,1, und Servius, Kommentare zu Vergils *Eclogae* 9,46.

12 Zum »Goldenen Zeitalter« und zu Augustus siehe K. Galinski, *Augustan Culture,* Princeton 1996, S. 91 ff.

13 Zu dem Komet und seiner Bedeutung siehe Taylor, *Divinity of the Roman Emperor,* S. 90–92, 112–14; Weinstock, *Divus Julius,* S. 370–84; Fishwick, *The Imperial Cult,* S. 74, und P. Zanker, *The Power of Images in the Age of Augustus,* Ann Arbor 1988, S. 34–35.

14 Siehe Taylor, *Divinity of the Roman Emperor,* S. 106, und Fishwick, *The Imperial Cult,* S. 76. Oktavian begann ab 39 v. Chr., diesen Titel zu führen.

15 Siehe Daniel 7,23. Diese Sicht von Rom als dem vierten Tier, das die ganze Erde zertritt, stimmt mit der Vorstellung überein, die der in Qumran gefundene Habakuk-Kommentar von den Römern entwirft:

»[Dies bezieht sich auf] die Kittim, die das Land niedertrampeln mit [ihren] Pferden und mit ihren Tieren.

Von weit her kommen sie, von den Küsten des Meeres, um sich

alle Völker einzuverleiben wie ein unersättlicher Geier. […]

[…] dass sie das Joch ihrer Steuern aufbürdeten – dies ist ›ihre Nahrung‹ –

den Völkern jährlich und so viele Länder zugrunde richteten.«

(Habakuk-Kommentar 3,9–12, 6,6–8)

16 Sueton, »Augustus« 94, *Cäsarenleben.*

17 Siehe die Beschreibung des Augustus als des Erlösers der Menschheit in Philon, *Legatio ad Gaium,* 143–47.

185

18 Bultmann, *Die Geschichte der synoptischen Tradition,*
   S. 316–17 und Anm. 4.

19 Nach Brown wird Augustus in Lukas 2,1 erwähnt, um
   deutlich zu machen, dass Jesus und nicht Augustus der
   wahre Erlöser ist, welcher der Welt Frieden bringen wird.
   Siehe Brown, *Birth of the Messiah,* S. 415–16.

20 Eine Bibliografie zur Vierten Ekloge findet sich bei
   W. W. Briggs, »A Bibliography of Virgil's Eclogues«,
   ANRW (II 31,2/1981), S. 1311–25.

21 Vergil, *Hirtengedichte,* übers. von R. A. Schröder, 3. Aufl.,
   Frankfurt a. M./Leipzig 1999, S. 44–45. Bei Vergils
   Schilderung des »neuen Zeitalters« fühlt man sich an die
   Endzeitvision aus Jesaja 11,6–8 erinnert:

   »Heimwärts tragen von selbst den strotzenden Euter
   die Geißen.
   Nimmer befürchtet das Rind die Wut des mächtigen
   Leuen. [...]
   Ja, und die Natter stirbt [...]«

   Zur Möglichkeit eines Einflusses jüdischer Quellen auf
   Vergil siehe R. G. M. Nisbet, »Virgil's Fourth Eclogue:
   Easterners and Westerners«, *BICS* (25/1978), S. 59–78.
   Siehe aber auch die Einwände von J. J. Collins in *Seers,*
   Sybils and Sages in Hellenistic-Roman Judaism, Leiden
   1997, S. 194–97.

22 Jedenfalls nach Schullers Rekonstruktion.

23 Siehe Vergil, 4. Hirtengedicht, a. a. O., S. 47.

24 Ebd., S. 45.

25 4Q491, Fragment 11, Kolumne 1,6–7; Eshel,
   »4 Q471b: A Self-Glorification Hymn«, S. 185.

26 D. A. Slater, »Was the Fourth Eclogue Written to Cele-

brate the Marriage of Octavia to Mark Anthony? – A Literary Parallel«, *CR* (26/1912), S. 114–19.

27 Siehe W. Clausen, *A Commentary on Virgil's Eclogues,* Oxford 1944, S. 121–22.

28 Vergil, *Aeneis* 6,791–93.

29 Siehe Taylor, *Divinity of the Roman Emperor,* und K. Galinski, *Augustan Culture,* S. 115.

30 Beschluss der Versammlung der Provinz Asien, *Roman Civilization,* hrsg. von N. Lewis und M. Reinolds, Bd. 2, 1955, S. 64.

31 P. Zanker, *Power of Images in the Age of Augustus.*

32 Auf der Gemma Augustea sieht man Augustus in Gesellschaft der Göttin Roma abgebildet. Eine ähnliche Szene findet sich auf einer ptolemäischen Kamee, die aus der Zeit zwischen 30–28 v. Chr. stammt. Siehe Galinski, *Augustan Culture,* S. 115. Auf Silberbechern aus Boscoreale sieht man Augustus, wie er auf einem goldenen Thron sitzt, umgeben von Göttern. Siehe Ann L. Kuttmer, *Dynasty and Empire in the Age of Augustus,* Berkeley 1995, S. 56 ff.

33 4Q491, Fragment 11, Kolumne 1–5; Eshel, »4Q471b: A Self-Glorification Hymn«, S. 185.

34 Josephus, *Jüdische Altertümer* 14,388.

35 Ebd., 15,343. Vgl. Anm. 18 in Kapitel 1.

36 Zur Möglichkeit, dass der Kaiserkult zur Zeit des Augustus die Juden im Herrschaftsgebiet des Herodes beeinflusst hat, siehe A. Yarbro Collins, »The Worship of Jesus and the Imperial Cult«, *The Jewish Roots of the Christological Monotheism,* hrsg. von C. Newman u. a., *Supplement to the Journal for the Study of Judaism* (63/1999), S. 254–57).

Bitte beachten Sie auch die folgende Seite

WER WAR
MOSES
WIRKLICH?

»Jeder kennt Moses: Als Baby in einem Weidenkörbchen ausgesetzt, von der Tochter des Pharao aus dem Nil gefischt, führte er das jüdische Volk in die Freiheit, teilte en passant das Meer und empfing schließlich auf dem Berg Sinai die Zehn Gebote. Doch niemand kennt Moses wirklich, den Menschen hinter dem Mythos. Seit über 20 Jahren fahndet Rolf Krauss nach dem historischen Vorbild für Mose. In seinem Buch präsentiert er seinen Hauptverdächtigen: Amun–masesa, ein ägyptischer Vizekönig, der im 13. Jhdt. v. Chr. für den Pharao Merneptah einen Krieg gegen Aufständische führte und nach dem Tod seines Herrn selbst einen Aufstand anzettelte. Der romantisierende Bibeldichter, so Krauss, habe irgendwann um das Jahr 500 v. Chr. die Geschichte des ägyptischen Putschisten als Inspiration für seine Story verwendet.«

Der Spiegel

368 Seiten
ISBN 3-550-07172-8

ULLSTEIN

Die amerikanische Ausgabe erschien 2000 unter dem Titel
The Messiah Before Jesus bei University of California Press,
Berkeley und Los Angeles
Copyright © 2000 by Regents of the University of California

Der Ullstein Verlag ist ein Unternehmen der
Econ Ullstein List Verlag GmbH & Co. KG
ISBN 3-550-07173-6
Copyright der deutschsprachigen Ausgabe
© 2001 by Econ Ullstein List Verlag GmbH & Co. KG, München

Alle Rechte vorbehalten. Printed in Germany
Satz: LVD GmbH, Berlin
Druck und Bindung: Spiegel Buch GmbH, Ulm